親　鸞　鏡の御影（西本願寺蔵）

親　鸞

● 人と思想

古田武彦 著

8

CenturyBooks　清水書院

読者との約束

きみとわたしとのめぐりあい

きみがこのページをめくったことによって、きみの人生の一端《いったん》は、わたしの人生と確かに触れ合った。一秒のち、きみがこの本を捨てるか、それとも、一生つづく触れ合いの、今がはじめのときか、まだ、だれも知らない。

この本を閉じようと、読みつづけようと、それはいつでもきみの自由である。

わたしは青春の日以来、二十年以上の歳月《としつき》「親鸞とは、いったい、どんな人間だ？」と問いつづけた。そのために、わたしの二度とかえらぬ人生を使い、悔いることがなかった。そのために、くりかえし親鸞について論文を書き、一度もあきる日はなかった。

けれども今、親鸞の『人と思想』を書くためにペンをとり、これまでにない緊張を感じている。なぜなら学術論文の一つ一つなら、それぞれ親鸞の部分を切り取って、正確に証明すればいい。だが今は、親鸞の全体を、つまり、かれのいのちのすべてを描き出さねばならないからだ。これは、わたしの二十年の決算書である。

わたしは今、三つの約束を自分に対してたてようとおもう。

一に、親鸞について真実であることだけを書き、それに反することは、すべて受け入れまい。

これは平凡なことだ。しかし、いちばんむずかしいこととなろう。これまで、ありきたりにいわれてきたこと、不確実にいいふらされてきたことを拒否しなければならない。また、親鸞を「教祖」や「聖人《しょうにん》」にするためにつくられたあらゆる伝説も、逆に同じ目的でタブーとして避け、触れられずにきたことも、そういうすべての虚偽を明るみに出し、率直にわたしの手にした真実を書こう。

二に、むずかしいことばを使わず、人間なら、だれでもわかるように書こう。

親鸞は民衆に向かって、数多くの本を、ほとんど平仮名ばかりのような字で書いた。それは、つとめてやさしい字とことばを使い、分量も少ないものだった。むずかしい漢文で書かれた、大きな書物『教行信証』と同じように、親鸞はこれらの小さな本に、いのちをこめた。

「いなかのひとびとが、字の意味もしらず、あさましいぐちきわまりないために、そういうひとびとに、やさしく意味をしらせようとおもって、おなじことを、くりかえしくりかえし、書きつけてある。知識のあるような人は、おかしくおもうだろう、きっと、あざけるだろう。たとえ、そうであってもいい。わたしは、そういった人のそしりをかえりみず、ひとすじに、おろかなひとびとに意味がわかりやすいように、それぱかりおもって、書きしるしたのである。」

これが、こういう小さな本の終わりに、かれが書きつけたことばである。貴族たち、知識人のあざけりを背に、あくまで民衆に顔を向けて、やさしく本気で語る親鸞を、きみは、はやくもここに見いだすだろう。

そのような親鸞だから、わたしがかれについて語ろうとするとき、明白に、平易に、書こうとするのは、むしろ当然の義務だといっていい。もしこれを、通俗だとおもう人があれば、わたしたちは、その人のおもうにまかせよう。

三に、現代に生きる、わたしたちの課題を、真正面から親鸞にぶっつけてゆきたい。

それを抜きにして、歴史上の人物を語るなら、結局、こっとういじりと同じだ。そのためには、伝説で美化された親鸞では役にたたない。科学の方法によって、徹底的に洗いつくされた、事実としての親鸞でなければ、ナンセンスだ。このことは、けっして、現代ふうの好みに合わせて、親鸞をアレンジしたり、生《き》のままの、親鸞の真実をうすめたりすることではない。なまぬるい現代人好みなど、吹きとばさなければ、現代から未来へ向かって生きようとする、わたしたちにとって、歯ごたえもなければ、ものの役にもたちはしない。

このような三つの約束は、この本を書きすすめてゆくわたしにとって、ときとして、つらいかもしれない。なぜなら、この約束を守り通そうとするとき、わたしは、わたしの中の不徹底なもの、妥協的なもの、不純なものと、たえず、たたかいつづけなければならないだろうから。

しかし、もし、この約束が一つでも破られたら、一瞬も遠慮せず、この本を、きみの前から、ほうりだしてもらいたい。そうすることこそ、きみの、わたしに対する、もっとも正当な行為である。

きみへの注文

わたしのほうからも、きみにいいたいことがある。きみがもし、「宗教的なムード」にあこがれて、この本を手にしたのなら、ただちに、この本を閉じたまえ。この本は、きみのあこがれを、まったく満たさないだろうから。きみがもし、息ぐるしく、争いにあけくれる現実から、目をそむけようとして、この本をめくりはじめたのなら、すぐ、読むのをやめたまえ。この本は、きみの期待に、とても、こたえようとしてはくれないだろうから。きみがもし、現在の宗派や教団が、もう一度、再生することに期待をこめ、何か、そのために用だちはしないかと願って、この本を手にしたのなら、一刻もはやく、この本を破りたまえ。この本は、きみに、とりかえしのつかぬ害をなすだろうから。

この本の中では、宗教が、かつて果たすことのできた、みごとな役割は、現代ではもう完全に終わっていることが、明白に、きみに告げられるだろう。

しかし、親鸞のいのちは終わっていない。ひとつの時の中で、力いっぱい生きぬいた魂は、時代が滅んでも、時の霧を越えて、まっすぐにわたしたちに語りかけるのだ。わたしたちが現代の真中《まんなか》で、いかに生きるべきかを告げ知らせてくれるのだ。

親鸞がわたしたちに残した、まどわぬ、はっきりした目。その醒《さ》めた目にみちびかれてこそ、わたしたちは、親鸞にまけぬ、すばらしい生き方を、現代につくりだすことができるだろう。

そのような生き方を、本気でのぞむ人のためにだけ、わたしはこの本を書いた。

親鸞について

——青年は親鸞を愛する

わたしが親鸞に会ったとき

十五、六歳のころ、わたしははじめて親鸞と会った。親鸞のことばをしるした『歎異抄《たんいしょう》』を読んだときである。そのとき、わたしの心をとらえたのは、つぎの一節だった。

「聖道《しょうどう》で、〝慈悲《じひ》〟といっているのは、ものをあわれみ、かなしみ、はぐくむことだ。けれども、自分が人を、おもうとおりに助け通すことは、結局のところ、できはしない。……この世で、人を、どんなに、いとおしい、かわいそうだ、とおもっても、自分のおもいのままに助けることはできないから、結局この〝慈悲〟は、首尾一貫しない。だから自分にとって、念仏することだけが、ほんとうに最後まで徹底した、〝大慈悲心〟でありましょう。」

「聖道」ということばについて、そのころ、わたしには、何もわからなかった。だから親鸞が、このことばによって、かれが生きていたころ、時代の権力と結びついていた、比叡《ひえい》山や奈良の、古い、体制的な仏教そのものを指さしていた、などということは、知らなかった。まして、「慈悲」ということばが、そのころ、どんなに堕落させられていたか。そして親鸞が、いかに、こういう時代の思想との妥協せぬたたかいに、かれの生涯をかけていたか、そんなことも、まったく知らなかった。

ただ、そのころのわたしにとって、現実はあまりに複雑で入り組んでおり、たとえ、ささやかな友人との関係ひとつをとってみても、はっきりとつかめず、おもいのままにならない。ひとりの人間と、ひとりの人間との距離は、あまりに遠い。そういう事実から、目をそむけることのできなくなっていた青年であるわたしにとって、同じ問題に正面から立ち向かい、スッキリした精神をうちたてている、親鸞という人間に、目を見はらされたのである。

弟子一人《いちにん》ももたず

親鸞という人間のもつ魅力は、このほかにも『歎異抄』の中にあふれていた。

「専修《せんじゅ》念仏の仲間で、『かれは、わたしの弟子《でし》だ。』『いや、かれは、人の弟子だ。』という争いがあるようだが、それは、もってのほかのことだ。親鸞は、弟子ひとりも、もってはいません。その理由は、自分かってなしわざで、人に念仏をさせるということなら、それこそ弟子でもありましょうが、ことの真実からいって、ミダのおみちびきにあずかって念仏している人を、わたしの弟子だ、ということは、極端な、すさまじい筋《すじ》ちがいのことである。」

「専修念仏」というのは、「念仏だけをえらびとって、他の一切《いっさい》をふり捨てる」ということである。親鸞が加わった、仏教の新しい運動のスローガンであった。その新しい運動の中でさえ、昔ふうに師の権威をふりかざす人々が多かったのである。しかし、親鸞は、それに、はっきりと反対した。年齢がちがおうと、性がちがおうと、みな「対等」である。上下や支配関係はない、というのである。「親鸞は、弟子一人《いちにん》も、もたずさふ《(う)》らう」という一語は、そのころの社会の中で、どのようなひびきをもっていただろうか。

上《かみ》は、朝廷や貴族とのつながりを誇り、下《しも》は、弟子たちを統制することが常識であった鎌倉初期の階級的な社会（北条氏を中心とする東国武士団は、身分差別のはげしい封建社会をうちたてた。六二ページ「時代の相《すがた》」参照）の中で、このことばが、まったく破天荒《はてんこう》（ずばぬけて型《かた》破りなこと）なひびきをもった、一語であったことは、だれにも容易にうなずけるだろう。むろん、天皇や貴族たちは、自分と同時代に、こんなことばが吐《は》かれているとは、夢にも知らなかった。もし知ったら、かれらの道徳や秩序や礼儀についての、ちゃんとした考え方をみだすものとして怒り、ののしり、このことばを抹殺《まっさつ》しようとしたにちがいない。けれども親鸞の「弟子」は、このような真実の人間のことばに感動して、これを生き生きと記録したのだった。

わたしたちの問題は、現代である。現代において「弟子一人《いちにん》も、もたず」という、かれの考え方は、はたして常識化されているだろうか。わたしたちの身のまわりの教師たちは、みな、そのように語っているだろうか。逆に、「弟子」と対立した「教師の権威」をふりかざす者は、いないだろうか。そして何よりも、「教師」と「弟子」が、片ほうは先に生まれ、片ほうは年若い、というだけの、まったく同じ真理の探究者として認められているだろうか。

この場合、もし、真に「対等」の場において、探究がなされているとするならば、現代の学校における「師弟間の紛争」も、あるものは、はじめから生じ得ず、あるものは、いったん生じても、その成りゆきは、いちじるしくちがってくるのではあるまいか。

わたしには、斗争には斗争の起きる道理がある、とおもわれるのである。

さて、親鸞は、人を弟子扱いする「師匠面《ししょうづら》」の仲間たちに対し、「きわめたる荒涼《こうりょう》のことなり」と批評している。「すさまじい、無遠慮ないい分《ぶん》だ」というのである。師弟関係の秩序を「礼儀」として、人に強制している者こそ、親鸞の目には真実の礼儀を失った、すさまじい人々としか見えないのである。ここには人間に対する見方が、二つにキッパリと分かれているのが見えるだろう。

現代においても、青年のことばや行動を見て、恥知らず、礼儀知らず、とののしる大学や高校の教師たち、親たち、老人たち、一切《いっさい》の大人《おとな》たちの声が聞こえないだろうか。もし、聞こえるとすれば、親鸞は現代においても滅びていない。青年の側に立って、生きているのである。

真実に偏執《へんしつ》しよう

わたしが二十年来、親鸞について数多くの著書・論文・随想の類を読んできて、不思議におもうことが一つある。それは、右翼の思想家から左翼の評論家まで、伝統的な権威主義者からおだやかな自由主義者まで、その所属する信条や党派の別を問わず、ほとんどみな口をそろえ、ことばをきわめて、親鸞を賛美していることである。

これは警戒しなければならぬことだ、とわたしはおもう。なぜなら親鸞が、だれにでも歯ざわりのいいものに、つまりは透明無害なものに変化させられ、すりかえられている証拠だからである。もし親鸞が、それほど無害で、それほどだれにでも賛美されるような人物なら、だれが好んで、そのような人間を迫害するであろうか。かれの一生をつつんでいた、危険人物としての警戒、あざけり、無視——それらの真相は、後代の賛美の合唱のうしろに、おき去られているのである。

親鸞の生涯慕った法然は、大きな包容力をもった人がらだった。念仏について、いろいろと質問する民衆に対しても、時と相手に応じ、自由自在の返答をかえしている。この点、親鸞のように、理論的な一貫性をもった鋭い回答とは、時期と人がらを異《こと》にしていたようである。しかるに、その法然が、「偏執《へんしつ》の人」（片寄ったことに執着《しゅうじゃく》する人）と呼ばれた。それは、人がらやムードの問題ではない。古い権威によりすがる仏教、権力と手をつなぎ、その保護を受けている思想、つまり、体制的な考え方を拒絶し、体制側で価値とされるものを、自分たちは価値としない。その「新しさ」こそ、ほかならぬ、人々のいう「偏執」の中味だったのである。

その「偏執」の精神を、いっそうむき出しの形で受けつぎ、それを一生の思想的な背骨《せぼね》としていった人間こそ、親鸞である。それは、けっして、だれにでも愛される親鸞、といった人間ではない。直接に会えば、抗《こう》しがたい魅力をもっているけれども、さて、かれの行動や権威に対する抵抗《ていこう》はあまりにも潔癖《けっぺき》すぎ、あまりにも妥協がなさすぎる。それは年をとって円熟してきても、さらには老成してきてさえも、いっこうにかわらない。つまり、はたから見て、その「偏執」には、どうにも、がまんができない。そのように感じつつ、そばから、親鸞を見ていた人は多かっただろうとおもう。ことに、身分と教養ある人々には。

わたしは、そのような親鸞を書きたいとおもう。ある人々には、がまんができないような親鸞を。ちかって、だれにも好かれるような親鸞は、書くまいとおもう。それは、真実をゆがめることになるからである。

しかし、青年は真実を愛するゆえに、そのような親鸞を愛するであろう。

親鸞とマルクス

わたしは青年時代にマルクスの著作を読んでいて、つぎのような一節にぶっつかった。

「宗教は悩んでいる者のため息であり、また心のない世界の心情であるとともに、精神のない状態の精神である。それは民衆のアヘンである。」(『ヘーゲル法哲学批判』日高晋訳)

これが有名な宗教アヘン説である。

宗教のほんとうの役割は、民衆に現実の階級的矛盾から目をそむけさせ、ねむりこませ、逃避させ、甘い幻想を夢みさせ、要するに現実の支配者に屈従させようとするにある、という、骨を刺すように鋭い批判なのである。

しかし、これを読んでわたしの頭に、一つのはっきりした反問がわき起こった。『歎異抄』にあらわれた親鸞のことばは、けっしてアヘンではない、と。むしろ人間の精神をねむりから呼びさまし、因習とたたかう勇気を与え、魂を生き生きと目ざめさせる。これはわたしの目に触れ、心にしみ、どうしても疑えない真実だ。

一方マルクスのことばにも、争いようのない真実性が宿っている。

この二つの真実はどのように関係しているのか。マルクスは「すべてを疑え！」という格言を、最大のモットーとしていたというが、この疑問はわたしをみちびいて、二十年以上にわたる親鸞の学問的探究の道へと、旅だたせたようである。わたしはこの疑問に固執《こしっ》し、そこから得たわたしの回答を、この本の中で残りなく明らかにしたいとおもっている。

このように、わたしは真実を愛する人、それに偏執する人のために、親鸞のすべてをこの本の中に書きこめたいとおもう。この本を読み終えて「だまされた」といって本を閉じるか、それとも「かれの約束は果たされた」とつぶやくか。その判断は読者ひとりひとりの自由にまかせるほかはない。

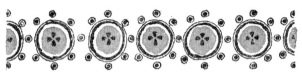

目次

Ⅰ　半生の霧
生きた親鸞を探究しよう……二〇
伝説から光が！……三三
山を降りる……四九
Ⅱ　斗いと思想の生涯
——裏切らざる人生——
人間に会う！
人民の苦しみと専修念仏運動……六二
法然との出会い……七〇
南都北嶺の攻撃
——権力と宗教の野合——……八〇

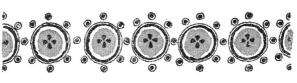

天皇が法に背いた

承元の大弾圧……八八
都を追われる
――越後流罪と承元の奏状――……九五
二人の妻……一〇五

師を失った孤独の中で

東国親鸞集団の誕生……一一五
生きている住蓮・安楽の書
――生涯の著述『教行信証』――……一二一
体験と歴史の論理
――三願転入の告白――……一三七
果てしなき内と外との斗い……一四六

思想は弾圧にうちかつ

念仏禁圧令の嵐の中の帰郷……一五三
分裂の中の悲劇
――建長の弾圧と親子の義絶――……一六三

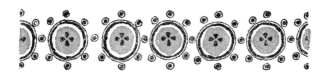

金剛信心を守り、弾圧者のために祈れ……一八二

Ⅲ　永遠の対話
―『歎異抄』―

『歎異抄』――解説……二〇二
『歎異抄』――親鸞のことばと私のこたえ――……二〇六
宗教は滅び親鸞はよみがえる……二三八
あとがき――若き魂への手紙――……二四二
年　譜……二四四
参考文献……二四七
さくいん……二四八

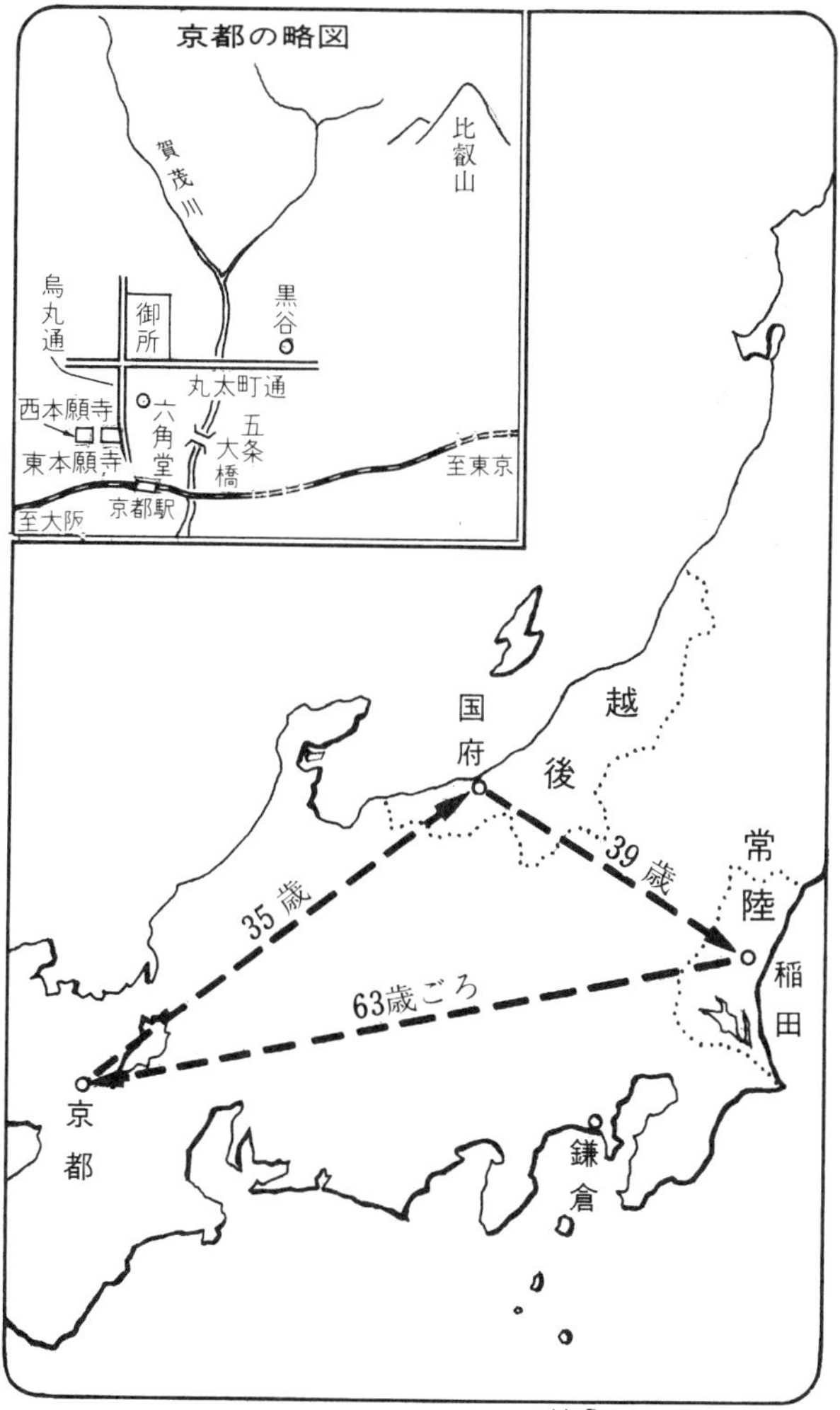

親鸞は京都に生まれ，35歳，越後《えちご》の国府に流された。39歳，許されて東国常陸《ひたち》へ向かい，晩年京都に帰ったのは，63歳ごろといわれる。

I 半《はん》生《せい》の霧

生きた親鸞を探究しよう

無動寺谷のおもいで

かつて、わたしは比叡《ひえい》山のふもとに住んでいた。京都の東北方、きわまるところ比叡山ドライブ‐ウェイへの道は、そこからはじまっている。外来の観光客は、バスに乗って五十分もたたぬまに、頂上に達することができ、霧のはれた日には、サルの母子《おやこ》連れに出会うこともあろう。

けれども、地元に住んでいたわたしは、バスに乗らず、歩いて、いつも山に登った。そのコースは、ヘビのようにうねった、ほこりのたつ新道を避けて、地蔵谷不動から左手の山路にはいり、やや急な傾斜で頂上を目ざす小道をえらんだ。旧道《きゅうどう》、無動寺谷《むどうじだに》の道である。そこは右、左より、山のせまった谷あいで、一、二月でも、吹き通しの寒風を知らない。それゆえ、ときとして、愛らしく素朴《そぼく》な花が道ゆく者をほほえませる。冬のさ中には、小鳥たちが、暖かいこの谷間を慕って集まってくるのか、不意に耳をそばだたせるような鳴き声をたてた。この旧道は、やがて橋のない川を横切

無動寺谷より琵琶湖を望む

り、岩をつたい、果ては小川の流れと道とがいっしょになったまま、つまさきを水にひたしながら、進んでゆくようになる。そこから短い胸つき坂を過ぎ、千年杉の木立ちのくらみを出ると、ハッとする上天のまぶしさ。おもわず目を下に転ずれば、眼下に氷をはりつめたような琵琶湖のきらめきに会う。それが、道の進みゆく左右の角度の変化に応じ、上下の道うねりにともなって、キラリ、キラリと湖面の輝きと色を変え、道はその名のしめすごとく、はるか無動寺谷大乗《だいじょう》院へと向かう。

ここには、親鸞が比叡山にいたころ住んでいたと伝えられる一角が、今もその姿をとどめている。かつて、かれは若き日の悩みを全身につつみ、この琵琶湖を見降ろし、この木立ちの風に吹かれたであろう。

今、わたしのふみしめる足どりが、かれの苦悩の足跡をふんでいるのである。このようなおもいにうたれるとき、いつも、わたしは一枚の肖像画をおもい浮かべているのである。

親鸞の肖像画

専阿弥陀仏《せんあみだぶつ》という人が描いた、とされる親鸞晩年の肖像画がある。「鏡の御影《ごえい》」と呼ばれている。生存中の親鸞を面前にして、いちいち写実したといわれるだけに、まことにリアルな迫力《はくりょく》をもって描き出されている。鎌倉期似絵《にせえ》（肖像画）の面目《めんもく》をみごとにしめす秀作である。

顔だちは、全体としてガッシリとした印象をもつ。全身も、けっしてスマートではなく、むしろ強靱《きょうじん》な足腰をおもわせるほどだ。冴《さ》えた鋭い目、さっと切れあがった眉、独特のそりをしめす鼻、そして、しっかりと結ばれたくちびる。これら鋭い印象をもった顔の道具だてが、全体としての素朴さ、鈍重なほどの安定感と、不思議な統一を構成している。

この有名な肖像画について、くわしくは、ふたたび後に、触れることがあろう。今、わたしの念頭をよぎるのは、かれの老いてなお頑健《がんけん》な足腰が、若き日、この無動寺谷の、けわしい上り下りの中で、鍛えられていたであろう、というおもいである。そして、わたしの脳裏に浮かぶのは、土と汗にまみれた親鸞の足であり、つまさきである。その降りゆく先は、——かれを追放し、その一生を苦渋《くじゅう》と流浪《るろう》とに追いやった——天皇たちの都する京都の町であった。

本願寺への道

京都の町の玄関口に、東・西両本願寺がある。わたしが西本願寺をおとずれたとき、宝物展示室の案内人が、紫衣を着た親鸞の画像を前に、つぎのような説明をくりかえしていた。

「親鸞聖人《しょうにん》は、朝廷よりあつい おほめにあずかって、天皇様より紫の衣を着ることを生前にさし許されたのじゃ。これをみても、親鸞聖人が、いかにえらい方であったか、わかるじゃろ。」

若い娘二人が、なかば感心したような、なかばてれ《い》くさそうなそぶりで、手をとりあって、結構ずくめに飾りたてられた親鸞聖人御画像を見上げていた。

横にいるわたしの中には怒りがあった。このような説明が、歴史上の事実と無縁であるばかりか、まったく相反していることは、今日歴史学の常識である。親鸞と同時代の道元は、朝廷より紫衣を与えられながら、これを辞退した。しかし、親鸞は辞退することもできはしない。かれに与えられたのは、紫衣などではなく流罪《るざい》人の衣《ころも》であった。さらには、志を同じうする友の死刑であり、一生をおおう流罪前歴人としての汚名《おめい》であった。

　このことは、本願寺の高僧や学者たちにはひとりも知らぬ者はない。にもかかわらず、案内人の口上《こうじょう》が、昔も今も変わらないのは、もっぱら〝営業上の理由〟にもとづくのであろう。愚夫愚婦の信者ども、という相手にふさわしい、臨機応変《りんきおうへん》の賢いやり口がとられているだけなのであろう。案内人が、いかにも善良そうな、おじいさんであっただけに、いっそう、わたしには、こみあげてくる、やりきれぬ、おもいがあった。

　ここにまつられた本願寺親鸞聖人の虚像（にせの姿）と、比叡山の谷あいで、わたしのかいま見た親鸞の実像（真実の姿）とは、まったく相いれることが許されぬ。

無動寺谷より本願寺への道のりは、無限に遠いのである。

親鸞の実像は、いつごろから、どんなにして、だれの手によって発掘されたのだろうか。

わたしはこの問いにこたえるため、明治以来の親鸞研究史に目を向けようとおもう。

親鸞はいなかった！

「親鸞は、ほんとうはいなかったのだ。」こんな話を聞いたら、きみは笑うだろうか。例の〝神武《じんむ》天皇は仮空の人物だ。〟という話なら、現代人はもはや驚きはすまい。でも、古代人でもない親鸞が、なぜ、その存在まで疑われるのか。きみは、首をかしげたくなるだろう。

　しかし近代の親鸞研究史は、この「ささやき」から出発したのだ。この親鸞否定説は、論文などには一回も姿をあらわしたことはない。もっぱら明治の学者仲間で、ささやかれていた内輪話《うちわ》だった。民衆や公共の場から離れた、いわば「学者サロン」での、お好みの話題だったわけだが、こういう会話は、案外、その時代の知識人たちの、ものの感じ方を正直に語っている。

そのころ、明治後期の歴史の学者の間では「歴史上の人物を抹殺《まっさつ》しよう。」という傾向が一つの流行となっていたのである。

筆跡による存在証明

このような疑惑の霧を吹きとばしたのは、親鸞研究史上に大きな足跡をのこした辻善之助である。かれは親鸞の実在性を証明するために、親鸞の筆跡を明らかにする、という方法を採用し、これを成功させた。その成果は、大正九年に出版された『親鸞聖人筆跡之研究』という本にまとめられている。

かれは報恩寺（東京）や西本願寺（京都）や専修寺（三重）に伝わる親鸞の著述・文書・手紙類を調査した。その結果、それらがいずれも鎌倉期のもので、しかも個性ある同一の筆跡を示していることをつきとめたのである。

辻はこの本の中で、二十二枚にわたる、しっかりした写真版をかかげた。たとえば「浄」という字を、親鸞の各文書《もんじょ》から抜き出して大きく写真化し、だれの目にもわかりやすいように、はっきりさせたのである。

このような辻の研究によって、はじめて親鸞の存在証明は完了したのであった。

親鸞の存在への疑いの、いまだ、はれやらぬうち、すでに親鸞の伝記への、鋭い疑いと問いがはじまっていた。

伝記への挑戦

それは明治四十三年、長沼賢海の『親鸞聖人論』であった。さらに大正十一〜二年、喜田貞吉によって、つぎつぎと発表された論文がこれを受けついでいる。かれらの疑いと問いの鋭さ、親鸞研究に対してのこした深い意味、それらについては、あとで親鸞の伝記をじっさいに述べてゆく中で、必要な場所で十分に触れたいとおもっている。

しかし、今は、なんといっても親鸞の伝記と伝説への最大の挑戦者、中沢見明《けんみょう》について語りたい。中沢といえば、親鸞研究者には、すぐ一つの本の名まえが反射的に浮かんでくる。それは大正十一年に出た名著『史上の親鸞』である。この本の名まえがしめすように、かれは親鸞が歴史上にほんとうにいた人物であることを確信していた。かれは辻善之助の仕事を尊敬し、辻の確立した地盤の上に、自分の仕事をすすめようとしたのである。かれの仕事は、親鸞の伝記上の事実として、これまで伝えられてきた伝説や伝承に対し、これを徹底的に疑いぬくことだった。

親鸞の伝記として代表的なものが二つある。一つは覚如《かくにょ》の『本願寺聖人伝絵《ほんがんじしょうにんでんえ》』（略して『伝絵《でんえ》』また『御《ご》伝鈔《でんしょう》』という）であり、一つは五天良空《ごてんりょうくう》の『高田親鸞聖人正統伝《しょうにんしょうとうでん》』（略して『正統伝《しょうとうでん》』）である。中でも覚如の伝記は、十三、四世紀の南北朝期にできている。その点でも、十八世紀江戸時代の五天良空のものより、ずっと古い。ことに覚如は親鸞の娘覚信尼《かくしんに》の孫であるうえ、「本願寺」の事実上の開祖である。そのため絶対的な信仰を集めていたこの『御伝鈔』に対し、赤裸々《せきらら》な挑戦《ちょうせん》をこころみたのが、中沢の仕事であった。

まず、かれは、『御伝鈔』の先頭にかかげられた親鸞の系図に、疑いの目を向けた。

「それ（初めのことば）、親鸞聖人《しょうにん》の出身は有名な藤原氏の家柄《いえがら》である。つまり天児屋根《あめのこや》尊《ねのみこと》の二十一世の子孫にあたる、大織冠《たいしょくかん》藤原鎌足《かまたり》（鎌子内大臣）の、そのまた五代の孫にあたる、近衛《このえ》大将で、右《う》大臣で、従《じゅ》一位だった内麿《うちまろ》公の、そのまた六代の子孫、弾正台《だんじょうだい》の参議であった有国《ありくに》卿の、そのまた五代の孫にあたる、皇太后宮《こうたいごうのみや》の大進《だいしん》という役についていた有範《ありのり》の子どもである。」

こんなに長たらしく書きならべられた、れいれいしい家柄の描写、これを見ただけでも現代の読者は、この本『御伝鈔』をほうりだしたくなるだろう。

しかし逆の人々もあった。覚如以後、室町より江戸にいたる数百年にわたる封建時代、おびただしい本願寺の僧侶や信者たちは、頭を垂れてこの文章の朗唱を聞き、「親鸞聖人様は、こんなに高貴な御家柄《おいえがら》の方なのだ。」と感嘆するように、しむけられてきたのである。

中沢は自ら本願寺派の僧侶であった。つねづねこの文章を聞きつつ心に反問した。「この系図《けいず》はほんとうなのか。」と。そこで『尊卑分脈《そんぴぶんみゃく》』という、日本の名門の家柄の系図を集めた本をしらべた。そこには、問題の藤原氏の一派（日野家《ひのけ》という）について、つぎのようになっていた。

⑴有国《ありくに》—⑵資業《すけなり》—⑶実綱《さねつな》—⑷有信《ありのぶ》—⑸有範《ありのり》

ところが、この系図に出てくる人々の年齢などをしらべているうち、奇妙な矛盾を発見した。計算してみると、有範が親鸞を生んだのは九十六歳くらいになるのである。

「おかしい！」「何かが隠されている！」とかれは感じ、覚如の「有国五代の孫」という文章には「作為《さくい》（つくりごと）」がある、と信じた。そして、ほかならぬ覚如が親鸞の出身を高貴なものに見せかけるため、全然別の日野家の系図の中に、親鸞の名をいつわってはめこんだものだ、と断定したのである。つまり、これは意識的な「偽系図《にせけいづ》」だというのである。この勇敢な中沢の「臆断《おくだん》（あて推量）」が、明白に否定される日は意外にはやくやってきた。

昭和三年、東本願寺の宗門大学の、大谷大学で行なわれた山田文昭の講義である（昭和九年「真宗史稿《こう》」、昭和二十二年「親鸞とその教団」におさめてある）。そこでかれは、西本願寺からあらわれた新史料、古本本願寺系図（天文～天正の間に成立）をもとにして、その正しい系図

有国《ありくに》—資業《すけなり》—⑴実綱《さねつな》—⑵有信《ありのぶ》—⑶宗光《むねみつ》—⑷経尹《つねまさ》—⑸有範《ありのり》

を発見したのである。このような系列ならば、親鸞が父有範の九十六歳の子どもになる必要も、まったく生じない。そのうえ、かえって「五代の孫」という覚如の記述の正しいことが、認められるのである。このように明快な実証によって、中沢の第一の論証は、くずれ去った。人々は、幸福な結末にホッとしたであろう。

しかし真の問題は、中沢の問いの〝うしろ〟に、隠されている。

覚如は親鸞の家系を「いつわった」として批判せられた。それならば、〝いつわらずに〟家系・名門を誇ることは、正当なのだろうか。「偽系図」を非難する精神は、「正しい系図」「由緒《ゆいしょ》ある家柄」を肯定する精神である。

では、親鸞がほんとうに名門の出身であれば、これを誇っていいのだろうか。社会の変動してゆくありさまを考えれば、すぐわかるように、過去の「名門」と現在の資産家の実力とが、くいちがったとき、「偽系図」が生じる。成り上がりの実力者が、自分を飾ろうとするからだ。かれらは、やがて未来には「名門」になりすますだろう。過去の「名門」も、実はかつては同じいきさつをたどった、〝同じ穴のムジナ〟なのである。要するに、ハッキリいえば、「正しい系図」といおうが、「偽系図」といおうが、同じ人間同志に対し、いつわりの人間差別をおしつける、タヌキとキツネとの間の非難なのである。

親鸞は、このような人間喜劇から、はるかに遠いところにいた。

「この世の本寺本山のいみじき僧と申すも、法師と申すもうきことなり」（この世で名門とされている、大きな寺の高僧・名僧などといわれるのは、わたしには、いやでたまらぬことである）。

このようにして親鸞は、本来、人間の魂を解放すべき起点であるはずの寺院さえ、時代の権力と結びつき、体制の中での名誉や評価に色づけされているのを憎み、自分の身と心を、キッパリと、これから切り離した。そのうえ、

「親鸞は父母の孝養のためとて、いっぺんにても念仏申したることさふらはず」（わたしは、死んだ父母

の供養《くよう》（仏になれるよう祈る）のために、といって、いっぺんでも念仏したことはありません）といいきった。

その理由は、人間はすべて父母兄弟というべき間がらである。だから、特別に「父母のために」ということは、あり得ない。そして念仏は、生きた人間が真実を見いだすためのものであって、死者のためではない、というのである。

この親鸞のことばには、突き刺すような真実が光っている。わたしたちは、「肉親」「血縁」「親族」ということばを、あやしまずに使っている。しかし日本人全部が、なんで「血縁」でないことがあろう。いや、人類の中のだれひとり、いったい、「親族」でない者があろうか。正確に見つめれば見つめるほど、科学的に考えれば考えるほど、「血縁」である者と「血縁」でない者との間の一線は、結局、存在しないであろう。それなのに、「親族」の垣根をつくり、そのうえ、「由緒《ゆいしょ》正しい家柄」と「いやしい家柄」とを分ける。そのような差別のうえにたって、親鸞の伝記を書きはじめる、ということが、どれほど根源的にナンセンスなことかは、一点の疑いもない。

親鸞の家系をたどって、「天児屋根尊」や「藤原鎌足」や「弾正台（罪人の検察所）の長官」を特記するのは、ちょうどカール＝マルクスの家系・親族をたどって、ユダヤの名門やプロシアの内務大臣を見いだして、その伝記を飾ろうとするようなものである（これは歴史事実である）。わたしたちが、覚如の『御伝鈔』にゆるがぬ批判を向けねばならないのは、あくまでその一点である。それなのに、中沢は『御伝鈔《ごでんしょう》』の系図が、「偽作」だと主張したために、それの「正しい」ことが反証されてしまった。中沢の批判精神が、きびしい自己批判を欠いていたのである。

このような中沢の態度は、かれの『古事記』研究にも同様にあらわれている。『古事記』の中に矛盾と思われるものを拾い上げ、そこから『古事記』が、ずっと後代、平安時代の偽作だ、と主張した。

しかし批判の根本は、そのような点にはないはずだ。たとえば、神武天皇が仮空の人物である、という論証は、必ずしも神話批判の本道ではない。むしろ実在の神武天皇が、日本列島のうえに、人間の差別支配をうちたてたという事実が、確かに存在したかもしれないのである。天皇家の支配に仕えていた、体制内の伝承者たちが、史上の血なまぐさい征服戦争を、いかに美しい神話の衣で飾りたてたか。その点にこそ、神話批判の、もっとも鋭い刃は、向けられなければならない。しかし、このようなことは、今は深く立ち入ることを避けよう。なにしろ、この分野では、神武天皇の筆跡を調査して、その史上の実在を確かめるというわけには、いかないのだから。

問題は、津田史学(『古事記』・『日本書紀』の神話伝説に対し、啓蒙《けいもう》的・批判的研究の道を切り開いた。津田左《そ》右吉《うきち》)の方法を親鸞研究に移入した、ともいうべき中沢の仕事が、結局のところ、啓蒙《けいもう》主義史学の立場を越えられなかったという点である。啓蒙主義とは、もっぱら理性を信じようとする立場である。それゆえ、これに反する封建的な偏見《へんけん》(かたよった考え)や、思想的な特権をうちたおそうとした。しかし、それは古代や中世独特の性格をつかみ出し、それを内面から理解する、ということをしなかった。ただせっかちに、古いものをうちこわそうとしたのである。

このような中沢の弱点は、たとえば親鸞の夢告《むこく》（夢のしらせ）を理解する場合にも、あらわれた。覚如の『御伝鈔』によると、親鸞は叡山《えいざん》時代の終わり、吉水の法然の教団に加わった年、六角堂（京都市六角通烏丸・頂法寺）で救世《ぐぜ》観世音の夢告を受けた、という。中世の人々は大事にのぞむとき、夢告を受けた、としばしば信じた。中沢も、そのことは認める、といいながらも、結局、このさいの親鸞の夢告を否定した。例によって、後世の偽作だ、というのである。しかし、後に述べるように、現在ではこの夢告が、親鸞自身によって書かれたことを、疑う人はいない。これも中沢の啓蒙主義が、中世人であった親鸞の事実を、見失わせたのである。

さらに中沢は、『教行信証』成立の時期を疑った。五天良空は『正統伝』に、『教行信証』は元仁元年（親鸞五十二歳）に書かれた、と述べているのに対し、中沢はこれを否定した。六十歳以後の晩年の著述だ、というのである。これについても、その後、元仁元年以前だ、という説。いやずっとはやい越後時代（三十代）に一応成立したのだ、という説。いろいろ出たけれども、結局、中沢の説に反し、元仁元年のころ、『教行信証』の初稿本が執筆された、という事実が確かめられるにいたっている(このことは、後にくわしく述べる)。

中沢史学の意義

このように、中沢の『史上の親鸞』は、いまや満身《まんしん》創痍《そうい》(きずだらけ)の「廃墟」といった姿となっている。しかし、そのような姿にこそ中沢の仕事の光栄はあるのだ。

本願寺派、三重暁覚寺《ぎょうかく》の住職だったかれが、法務（寺の仕事）を家族にまかせ、書斎にこもりきって行なった、この偉大な「疑いと否定の書」は、伝承に安住していた「親鸞聖人」を、あくなき科学的研究の洪水の波にさらした。そのために親鸞研究は、日本史の中の人物研究の中でも、一頭地を抜いた、先進の分野となったのである。中沢は、なぜこのような仕事を成し遂げることができたのだろうか。

第一に、かれにとって親鸞研究は、単なる「学者サロン」の内輪話《うちわばなし》のようなものではなく、本願寺派の僧侶としての生涯をかけた、〝問い〟だった。

第二に、近代ヨーロッパ啓蒙主義の洗礼を受け、日本の古い伝承《でんしょう》を勇敢に疑った。

しかし、このことは、まったく同時に、かれの弱点と裏腹である。

その一に、かれは寺の住職としての生活の基礎のうえにたち、そのうえでのみ研究は成立していた。このようなかれの立場からは、親鸞聖人様という「偶像《ぐうぞう》（盲目的に尊敬するもの）」だけは切り捨てられても、さらにすすんで、体制からの追放と流浪の中で、鍛え抜かれ野《や》にたたかいつづけた親鸞の面魂《つらだましい》は浮かび上がってはこなかったのである。

その二に、『御伝鈔』を中心とするこれまでの伝承を、つぎつぎに疑いながら、その批判をほんとうに科学的に検証することができなかった。そのため、その学説は、つぎつぎに崩壊していった。わたしたちは、ただ疑うことで満足してはならない。確実な根拠のうえにたち、自己の足場をも疑いぬくことによって、ついに真実の大地に到達することができるのである。

伝説から光が！

わたしは、この本を書こうとして親鸞の伝記を一つ一つしらべなおしてゆくうちに、ある一つの文を見て、息がとまってしまった。

霧の中の真実

そこには、これまでの学界の常識を、すっかりくつがえすような親鸞伝の一角が、キラリと光っていたからである。そこでいろいろしらべてゆくと、これまでまっかな偽作とされて、はなもひっかけられなかった、この一文が、まさに親鸞の真作であることが、疑いようもなく明らかとなってきた。そのうえ、それが基《もと》となって、これまで、わかりにくかった親鸞の若いころの姿や、学者がくりかえし論争して、どうしても解決しなかった吉水入門のときのいきさつなど、名題《なだい》の難問題がつぎからつぎへと、もつれた糸のほどけるように解けてきたのである。

今、その問題の一文を、まず、かかげてみよう。

『親鸞夢記《むき》』という本に、つぎのような、三つの夢告の偈文《げぶみ》（詩句）をしるした、建長二年の親鸞の文書がのっている。

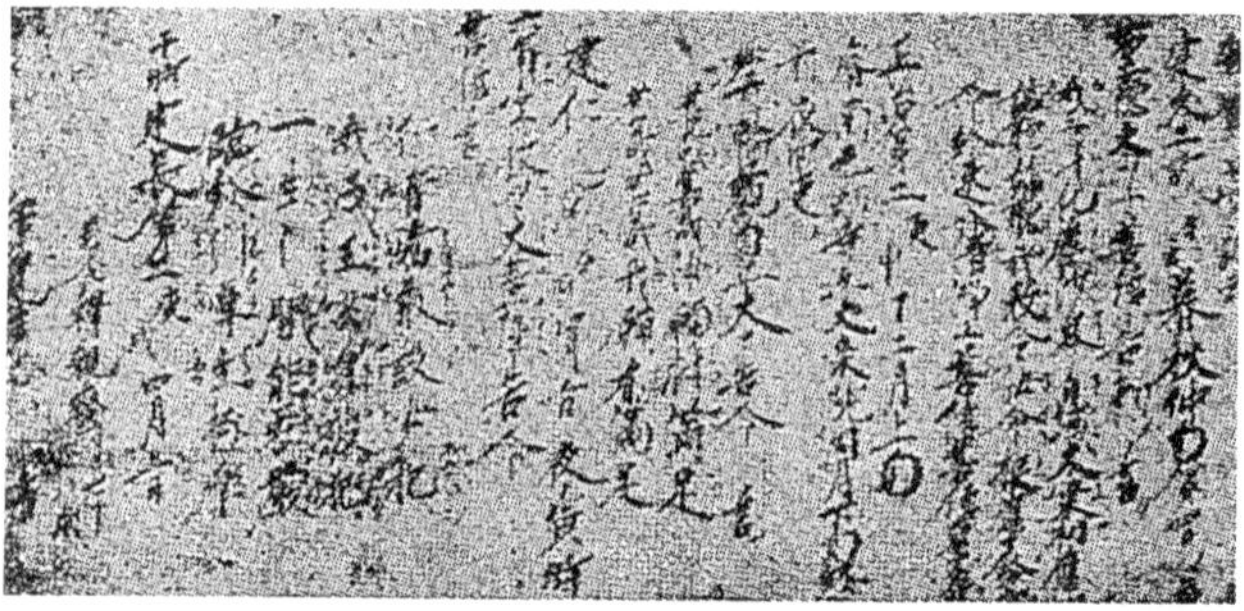

三夢記（高田専修寺蔵）

㈠ 建久《けんきゅう》二年九月十四日の夜

聖徳太子がわたし（善信）に告げて（告勅《ごうちょく》して）言うのに、

我が三尊は塵沙《じんさ》の界を化《け》す
日域は大乗の相応の地なり
諦《あきらか》に聴《き》け諦に聴け我が教令を
汝《なんじ》が命根は応《まさ》に十余歳《よさい》なるべし
命終わりて速《すみやか》に清浄土に入《い》らん
善く信ぜよ、善く信ぜよ、真の菩薩《ぼさつ》を

㈡ 正治《しょうじ》二年十二月上旬《じゅん》

比叡山の南の旡動寺《むどうじ》の中にある大乗院に、わたしはいた。十二月三十日の四更《しこう》に、如意輪観音《にょいりんかんのん》がわたしに告げて（告命して）言うのに、

善いかな、善いかな、汝の願将《まさ》に満足せんとす
善いかな、善いかな、我が願、亦《また》満足す

㈢ 建仁《けんにん》元年四月五日の夜の寅時《とらどき》

六角堂の救世《ぐぜ》大菩薩（観音）がわたし（善信）に告げて（告命して）

覚信尼あての手紙

言うには、
行者宿報《ぎょうじゃしゅくほう》にて設《たと》ひ女犯《にょぼん》すとも
我は玉女《ぎょくにょ》の身と成りて犯《ほん》せ被《ら》れむ
一生の間、能《よ》く荘厳《しょうごん》し
臨終《りんじゅう》引導《いんどう》して極楽《ごくらく》に生《しょう》ぜしめむ
右の三つの夢告の偈文《げぶみ》を今、書写したのは、建長二年四月五日であって、愚禿釈《ぐとくしゃく》親鸞（七十八歳）がこれを書いた。
この三つの夢告の偈文を
娘の釈覚信尼へ送る
〈奥書〉

こんにちの学界では、この文を問題にする学者すらほとんどいない。その例外として、現代の親鸞伝研究者、梅原隆章はこの文を写真版とともにのせた(『御伝鈔の研究』)。そして、これは親鸞の筆跡に似せてはあるが、明らかに真筆ではないから、偽作であることは、はっきりしている。ただ、このような後世の伝説が作為的につくられてきたことを知る参考にのせるのだ、と断わっている。しかし、この論は不思議だ。この文書は、『親鸞夢記《むき》』という本から、後世の人が引用して書写したものだ。明らかに、そういう体裁《ていさい》になっている。このことは、右にかかげた文を見たら、すぐわかることである。だから、この文書が万一、親鸞の真筆であったなら、それこそミステリーではないか。ところが梅原は、この文が真筆でない、ということ以外に、この文書が偽作だという証拠をまったくあげていないのである。

そこで、この文書の中味を、わたしが徹底的につきとめてゆくうちに、まず、これが江戸時代人たる五天良空の創作などでなく、まぎれもない鎌倉期の文章であることが判明した。第二の夢告の中で、「睿南无動寺在大乗院」という一句がある。これは「睿南《えいなん》无動寺《むどうじ》ニ大乗院《だいじょういん》ニ在《あ》リ」という形で、文法上「ニの畳用《ちょうよう》」と呼ばれる平安末期〜鎌倉中期独特の語法なのである。

たとえば、つぎの例を見よう。

○彼《カ》ノ蓼原《タデハラ》ニ堂ニ詣《モウ》ヅ（『今昔物語集巻十二』）

後代ならば、当然、「蓼原ノ堂ニ詣ヅ」というところである。

同じく、

○横河《ヨカワ》ノ北ナル谷ニ大《オホキ》ナル椙《スギ》ノ木ノ空《ウツホ》ニ在《アリ》テ（『今昔物語集巻十九』）

の場合は、「〜ニ〜ニ在テ」という形で、まったく同形である。

これらは『今昔物語集』の鈴鹿本《すずかぼん》という鎌倉中期以前の古写本に、のっている。このような文章は、後代においては、まったく記憶の失われた語法であるから、江戸時代の偽作者などの作りうる文章ではないのである。

しかし、これだけでは、この文章が鎌倉期につくられたものであることが証明されただけである。けっして親鸞の真作であるという証拠にはならないのである。しかも、一つの文章が特定の時代のものだという論証以上に、特定の個人のものだという証拠をあげるのは、一般に、困難なことである。

ところが天は、意外な秘密の鍵を、この文献の中にひそめていた。その奥書の中で、「愚禿釈親鸞」という署名がある。この仏教徒であることをしめす「釈」の字を冠した署名は、親鸞の文書の奥書中のものとしては、比較的めずらしいものである。そこで現在、年代のハッキリしている親鸞の署名を全部しらべてみたところ、全三十八例中、この「愚禿釈親鸞」の形は、四例しかなく、他は、「愚禿親鸞」という形が圧倒的である。しかも、「愚禿釈親鸞」という形の署名があらわれる時期が、一定しているのである。それはおよそ、七十四歳（寛元四年）より八十三歳（建長七年）の間の十年間に属しているのである。

ところが、この問題の文書は、親鸞七十八歳（建長二年）のものであるから、右の「釈の十年」にピタリと適合しているのである。

とくに重要なのは、つぎの点である。このような親鸞署名の形式についての統計的事実は、現代のように各寺院秘蔵の親鸞自筆本、古写本が開放された時点において、はじめて統計的に知ることのできる知識だ、という一点である。

してみると、たとえば、江戸時代の偽作者のごときが偶然に書き、偶然に適中することは至難の業《わざ》に属するのである。したがって、この「釈」の問題は、この文書が親鸞の真作である、という決定的な証拠となるのである（そのほか、いくつもの補強的な証拠を発見したのだが、それらはいちいち、ここに書くまい）。

磯《し》長《なが》の夢告

かれの青年期のはじめに、有名な夢告があったことを、五天《ごてん》良空の『正統伝』は伝えていた。十九歳（建久二年）の九月十二日のことである。河州石川郡東条磯長（大阪府）にある、聖徳太子の御廟《ごびょう》へ、範宴《はんえん》（親鸞の、そのころの名）は参詣《さんけい》した。十三日より十五日まで三日間、〃おこもり〃をしたところ、第二夜（十四日）に、つぎのような夢告をこうむった、という。そのことを範宴自身が書いた「記文《きもん》」として、つぎの一文がのせてある。

「ここに、若い仏弟子であるわたし（範宴）は、母の胎内にはいるとき、如意輪《にょいりん》観音より五葉の松の夢告があったことをおもい、観音の垂迹《すいじゃく》（仏が日本の神として姿をあらわすこと）である聖徳太子の御徳によって、このわたしの生涯をみちびかれることを仰ぎ願ってきた。今、幸いに聖徳太子のゆかりの、この磯長の廟窟《びょうくつ》（たまやのほこら）におまいりし、三日間〃おこもり〃していっしょうけんめい祈り念じた結果、失神してしまった。第二夜にあたるときの四更《しこう》（午前二時）に、夢のように、幻のように、聖徳太子が廟《たまや》の中から、自ら石の戸（石扃《せきけい》）を開き、光明があかあかとして、いわや（窟）の中を照らした。そのとき別に、三つの満月の光があって、金赤《こんじゃく》の相《そう》をあらわした。そして聖徳太子が、告勅《ごうちょく》（尊いことばの告げしらせ）を下して言うには

我《わ》が三尊は塵沙《じんさ》の界を化《け》す
　わが三尊（弥陀仏《みだぶつ》、観音、大勢至《だいせいし》の三菩薩《ぼさつ》）は、ちりのようなこの世をみちびこうとしている。

日域《にちいき》は大乗《だいじょう》の相応《そうおう》の地なり
　日本は大乗仏教（多くの人々のための、愛の願いを中心とする仏教）のさかえるにふさわしい土地である。

諦《あきらか》に聴《き》け諦に聴け我が教令《きょうれい》を
汝《なんじ》が命根は応《まさ》に十余歳《よさい》なるべし
命《いのち》終わりて速《すみやか》に清浄土《しょうじょうど》に入らん
善く信ぜよ善く信ぜよ真の菩薩を

耳をすましてよくきけ、よくきけ、わたしのおしえを。
お前に今からあまされたいのちは、もう十年あまりしか、ないだろう。
その命《いのち》が終わる時がきたら、お前は、すみやかに清らかな場所へはいってゆくだろう。
だから、お前は、今こそほんとうの菩薩を心から信じなければならぬ。

時に、建久二年九月（暮秋）十五日、午時初刻、前の夜（十四日）の告令《こくれい》を記し終わった。仏弟子《ぶつでし》、範宴」

話が奇怪である。聖徳太子が自ら石の扉を開いて出てくるなど、まるで、スリラーもどきだ。弥陀・観音・大勢至という、後年の親鸞の信仰の対象が出てきているのは、話がはやくから、とのいすぎている。「善信」という、法然の吉水入室後、親鸞の名乗った名まえが、偈文（詩句）の中に、二回も出て、もじってあるのは、よくできすぎて、かえって偽作の馬脚《ばきゃく》をあらわしたものだ。

こういうふうに考えて、現代の学者は、この夢告を「後世の伝説」と考えてきた。

なぜ真実は隠されていたか

いままで、比叡山時代は親鸞の歴史の空白時代だ、といわれてきた。ところが、「磯長の夢告」は事実であった。先の「三夢記」がしめすように、親鸞がそのように書いているからである。
こうしてみると、先にあげた、「磯長の夢告」のときの情景を、その翌日(九月十五日)に書いた範宴(若き親鸞)による全文も疑えなくなってくる。しかも、その中には「入胎五葉《にゅうたいごよう》の夢」という親鸞が生まれる十一か月前の、承安二年五月二日の親鸞の母の夢さえ、親鸞の手で記されていることとなるのである。これも『正統伝』に記録されている。親鸞の母の夢に、如意輪観音《にょいりんかんのん》があらわれ、五葉《ごよう》の松を母にさずけて、すぐれた子どもの出生を予告したという。

現代人には、およそ想像を絶したこの事実。これは、はたしてどのような意味をもっているのだろうか。いったい、そんなことがありうるのか。このような疑問にこたえるために、わたしたちは、親鸞と同世代の人として有名な、明恵《みょうえ》の場合を考えてみよう。現在、明恵自筆の『夢記』が京都の高山寺にのこされている。その中に明恵は、自分の見た夢を、つぎつぎと箇条書きに書きつけている。本の首尾が失われているのが、おしいけれども、全体では相当尨大《ぼうだい》な分量をもっていたとおもわれる。中には、自分の夢にあらわれた仏の姿などを絵に描き、それに、ていねいな解説を加えているのである。

また、『明恵上人行状記』というのは、明恵の高弟、喜海によって書かれた、明恵の伝記である。その中には、数多くの明恵の見た夢がしるされてあり、それに対する明恵自身の解説までのせてある。その二、三をあげてみよう。

まず最初に、承安元年四月のころ、明恵の母が、彼女の妹とともに寝て、それぞれ見た夢のことがしるされている。いかにも和歌山という風土色豊かな、二つの甘子（みかん）についての夢である。この夢を見てより九か月たった、承安二年の正月八日、彼女は明恵を生んだのである。そしてこの甘子とは、華厳《けごん》・真言《しんごん》二宗を自分が学ぶことを予告したものだ、と明恵自身が解説しているのである。親鸞の夢告の場合と、あまりにもよく似ているではないか。

また、明恵は十三歳のとき、「今は十三になってしまったので、年すでに老いた。死ぬときもきっと近づいたのだ。」と思って、夜、ひとり、オオカミの山に出かけていく話が書かれている。

また、十八歳の夢に、満月輪《まんげつりん》が、かがやきわたり、その中の角《かど》近くに、七、八尺（約二メートル）ばかりの黒色のかげ（釼）が、月輪の上におおいかぶさり、光を隠しているのを見たという。このような明恵の記録を見ると、わたしたちは、同じ時代の少年は、同じような夢を見るものだと苦笑しないわけにはいかない。

明恵より一つ年下の親鸞は、明恵と同じように、誕生の一年前の入胎時の夢告について母に聞かされていた。また「余命はいくらもない。だから……」という、少年らしい精神の高揚の中で、明恵と同じく息づいていたのである。夢の中に満月輪が出てくることなどは、いわば、時代の約束であり、親鸞は欲ばって、それを三つもいっしょに見たというにすぎないのである。

茶化《ちゃか》したようないいかたになったのを、許してもらいたい。わたしが、まじめにいいたいのは、つぎの点なのだから。

現代の研究者が、この三つの夢告を疑ったのは、第一に、筆跡問題に対する盲信である。親鸞真筆であることは、真作決定のための有力な材料である。しかし、真筆でないからといって、真作でないことの証拠にはならないのである。辻の筆跡研究の成功に眩惑《げんわく》されて、この見えすいた道理を、見失ってしまったのである。第二に、親鸞ほどの人物が、夢告などをたやすく信ずるはずがない、というような現代人の好みを相手におしつけて、それを合理主義と盲信《もうしん》したのである。

そのために、親鸞は中世のまっただなかに生きた思想家である、という単純明快な事実を忘れ去ったのだ。

二十代の青春

わたしたちは十代末の「磯長の夢告」をとおして、若い親鸞の精神をさぐってみよう。まず、中世人のいう「夢告」とは、いったい何だろうか。仏や神から与えられた偈文とは何だろう。実は、それはその当人の、心の底の、はげしい願望を物語ったものではないだろうか。

「これが自分の考えだ！」と、平生《へいぜい》思っているような、そんな通常の心の世界より、ずっとずっと深い潜在意識（心の奥底にひそんでいる強い意識）の世界。そこで自分が感じているもの。ほんとうにのぞんでいるもの、真実に考えているもの、それをズバリとあらわしたものではないだろうか。それは自分自身にさえ、かえって見なれないものと見えるだろう。けれども、それはあまりにも自分の心の底の底を深く打つのである。そのとき、中世人は、それを仏や神からの「夢告」だ、と信じたのではないだろうか。

神が人間をつくった、といい、仏は永遠の目で人間を見つめている、という。しかし真実は、神をつくったのは人間である。仏の永遠の目をつくり出したのは、永遠なる人間の精神である。してみれば、「夢告」のほんとうのうみの親は、その「夢告」をさずかった、と称するその人間の心である。そのことは、わたしにはなんらの疑いをも入れない、明らかなことだ、と思われる。

それでは、「磯長の夢告」をうんだ、十九歳の親鸞の魂はどんな姿をしていただろうか。偈文の中心生命は、「お前のいのちは、あと十余年しかないだろう。」という予告である。そういうタイム－リミットを前にしたことからくる緊迫性。それが、この偈文をささえる迫力なのである。十九歳のかれの前には、未来の十年間が、これまでと、まったくちがった光の中に見えていた、と思われる。

いままでの生活は孤独だけれど、おだやかな日々だった。内外の書籍や経典を、知識欲のおもむくままに読みあさった。世の人のたたえる多くの師に学んだ。十代の少年としては、驚くような広い教養、経典の中の数多くの菩薩《ぼさつ》についての深い知識、きめられた戒律への従順な生活。それゆえ、比叡山の先達《せんだつ》、師匠たちの賞賛の中に、少年の日々は過ぎていた。

しかし、少年親鸞の心の奥深いところでは、比叡山の学習コースの模範生になろうとする、そのような自己に対する深い嫌悪《けんお》がひそめられていた。

「これではならない！」「このままで、一生を過ぎてはならない！」「単なる博識多才ではない、自分のいのちとひきかえにつかみとるような真実がほしい！」

そういう内心の叫びは、ついにおさえきれず、ある日、聖徳太子の「夢告」として表面化したのである。石の戸を開いたのは聖徳太子ではない。自分のいのちをうちくだいても、何物かをつかみとろうとする、十九歳の内心の叫びだったのである。石の戸から、あらわれたのは、三つの満月ではない。人間が真に決意することによって、眼前の生活と時間の意味が一変する。そのめくるめくような体験だったのである。あるいは今後も、範宴の生活は一見同じように見えるであろう。いっしょにくらす比叡山の仲間たちの目には。

しかし、それは目に見えた世界にすぎない。若き親鸞の二十代の十年間は、いままでとは、まったくちがった切実な問いにつつまれることになったのである。

「真の菩薩よ、わたしの生きる道はどれですか。わたしは、いったい、どうしたらいいのでしょう！」このような問いの中に過ごされた十年間。その点にこそ、親鸞の生涯をつらぬく思想家としての資質が、ハッキリと予言されていたようにおもわれる。自分が自分に対して、深い問いを発し、あくまでその問いをおしつめぬく中で生きてゆく。――そういう生き方こそ、親鸞生涯の生き方の根本特徴だったからである。

この点同世代の人ながら、先に述べた明恵の場合はちがっている。同じく自分の短命への予感の中で、いのちの高ぶりを感じながら、かれの場合、夜ひとりオオカミのいる山に身をさらす、という行動となってあらわれている。それは自分を犠牲とし、恐怖と苦行に身を置く、という性格を帯びている。後年、戒律と苦行の中に行ないすましていた明恵の一生に、ふさわしいものであろう。

親鸞の場合はこれとちがう。異常な課題を自分の未来に課し、限られた十年の中で、それを求めつづけてゆこうとするのである。このような厄介《やっかい》な問題をもった少年は、当然、いつかは比叡山の定《き》められたコースから、はみ出してゆくであろう。「磯長の夢告」は、そのような十年後の運命を、この十九歳の少年に予告していたのである。

堂　僧

親鸞は比叡山時代、どんな仕事をしていたのだろうか。それをしめす唯一の史料は恵信尼文書《えしんにもんじょ》である。大正十年、西本願寺の宝物蔵から発見された十通の手紙だ。親鸞の妻恵信尼から、娘の覚信尼（王御前）に出されたものである。その第二通に、つぎの一節があった。

「比叡山で、〝タウソウ〟をつとめていらっしゃいましたが……」

この「タウソウ」とは何か。発見者、鷲尾教導は、比叡山で有名な荒法師「堂衆《どうしゅう》」のことだと思った。白河法皇が、「わたしの意のままにならないものは、賀茂の流れと双六《すごろく》の賽《さい》と比叡の荒法師だ」といった、という、あの歴史上有名な〝無法〟実力集団である。

そのころ比叡山の大衆（僧侶たちの集団）は、二つに分かれていた。「学生《がくしょう》」と「堂衆」である。「堂衆」は「学生」（正規コースで天台宗の教理を学ぶ僧）の従者（おつき）であったといわれる。人の知るように、平安末期、東国に、近畿に、地方武士団が急速に勢力をのばしてきた。それに先んじて京都では、比叡山の「堂衆」が独立武装集団として成長し、白河法皇を悩ませていたのである。体制内に、権力者の意のままにならぬ、武装集団がうまれる。これは、その体制の末期症状だ。

しかし、親鸞はほんとうにこの「堂衆」のメンバーだったのだろうか。山田文昭がこの問題を解決した。恵信尼文書の仮名書きどおりの「堂僧」だ、というのである。

これは、「堂衆」のように、時代の脚光をあびた、はなばなしい存在ではない。比叡山には横川《よかわ》の源信《げんしん》の流れをくむ「不断《ふだん》念仏衆」があった。源信は、平安中期、『往生要集』をあらわし、念仏行を説いた人物である。その伝統を受けた「常行堂《じょうぎょうどう》」の不断念仏衆も「堂僧」と呼ばれていた。『中右記《ちゅうゆうき》』によると、不断念仏に布施《ふせ》（僧侶などに金銭や品物をほどこし与えること）をとる順位は、「導師《どうし》―僧綱《そうこう》―凡僧―堂僧」と、「凡僧」以下の最下位となっている。貴族出身といわれる親鸞が、なぜこのような身分にいたのか。かれは、はやくより父母を亡《な》くした孤児である。『源氏物語』の桐壺の更衣が父をもたぬおちぶれ娘としていやしめられたように、「血縁」を尊ぶ階級的な社会では、父母をもたぬ人の子には、容赦のない苛酷《かこく》な仕《し》打《う》ちが待ち受けているのである。

しかし、これは楯《たて》の反面だ。「磯長の夢告」にしめされたように、〝大いなる疑い〟の中に切迫した青春をおくりつつあった親鸞は、この下積みの場所に、恰好《かっこう》な思索と探求の場を求めることができたのではないだろうか。

親鸞の二十代の青春をつらぬいた、単調な日々。勤行《ごんぎょう》の日夜。それは、やがてきたる決断、比叡山の僧侶としての地位をも根底から捨て去る、決断の日のために、十二分に沈潜した魂をはぐくんだのではあるまいか。

大乗院の夢告

比叡山時代の終わりのときは近づきつつあった。「磯長の夢告」より十年たった正治二年十二月上旬、二十八歳の親鸞は大乗院にこもりきった。大乗院とは、叡南無動寺に属する寺

大乗院（比叡山無動寺）

院である。中央の根本中堂から下り道を遠ざかり、深い霧と森林の海の中に突き出た青い岬のように見えるところ、この建物はひっそり横たわっている。そして、参籠《さんろう》（おこもり）の満願にあたる十二月三十一日の前日、親鸞はふたたび「夢告」にあずかった。

「善《よ》いかな善いかな
汝《なんじ》が願《ねがい》将《まさ》に満足せんとす
善いかな善いかな
我《わ》が願《ねがい》満足す」

この短い偈文を解くマスターズ－キイは、「汝が願」である。このときのおこもりが、正治二年の末であることをおもい起こそう。

その十二月の末日が明ければ、「磯長の夢告」によって、親鸞の命根がつきる、と予告された「十余歳」の日々がはじまるのである。このようにしてみると、このおこもりの中で「汝が願」といわれたものが、「磯長の夢告」を背景としていることが明らかとなろう。その夢告の中の「真の菩薩」とは何か。それはどのようにして自分を救うのか。わたしの生きる道は？　このような問いへの回答を得ることこそ、親鸞にとって今回のおこもりの課題であった。

それに対する、如意輪観音の答えは、つぎのような意味をもっていたのだ。

「回答を得る日は近い。絶望するな。」と。

山を降りる

このようにして、親鸞生涯の中のもっとも劇的な年がきた。恵信尼《えしんに》文書《もんじょ》において、このときのありさまが、つぎのように印象的な文章で、語られている。

恵信尼文書

「比叡山を出て、六角堂に百日おこもりなさって、後世《ごせ》(死後の世界)をお祈りなさったところ、九十五日の夜明けに、聖徳太子の文を結んで、示現《じげん》(仏が祈りに応じて出現すること)におあずかりになりましたので、後世が助かるような縁にお会いしようと、あちこちとおたずねになって、ついに、法然上人にお会いになった。またいままで六角堂に百日おこもりなさっておられたように、またもや百か日、雨の降る日にも日の照る日にも、いかなる大風にも、まいりつづけていたところ、ただ後世のことは、善き人にも悪《あ》しき人にも、おなじように生死の世界(まよいの世界)を出ることのできる道を、法然上人がただひとすじにお

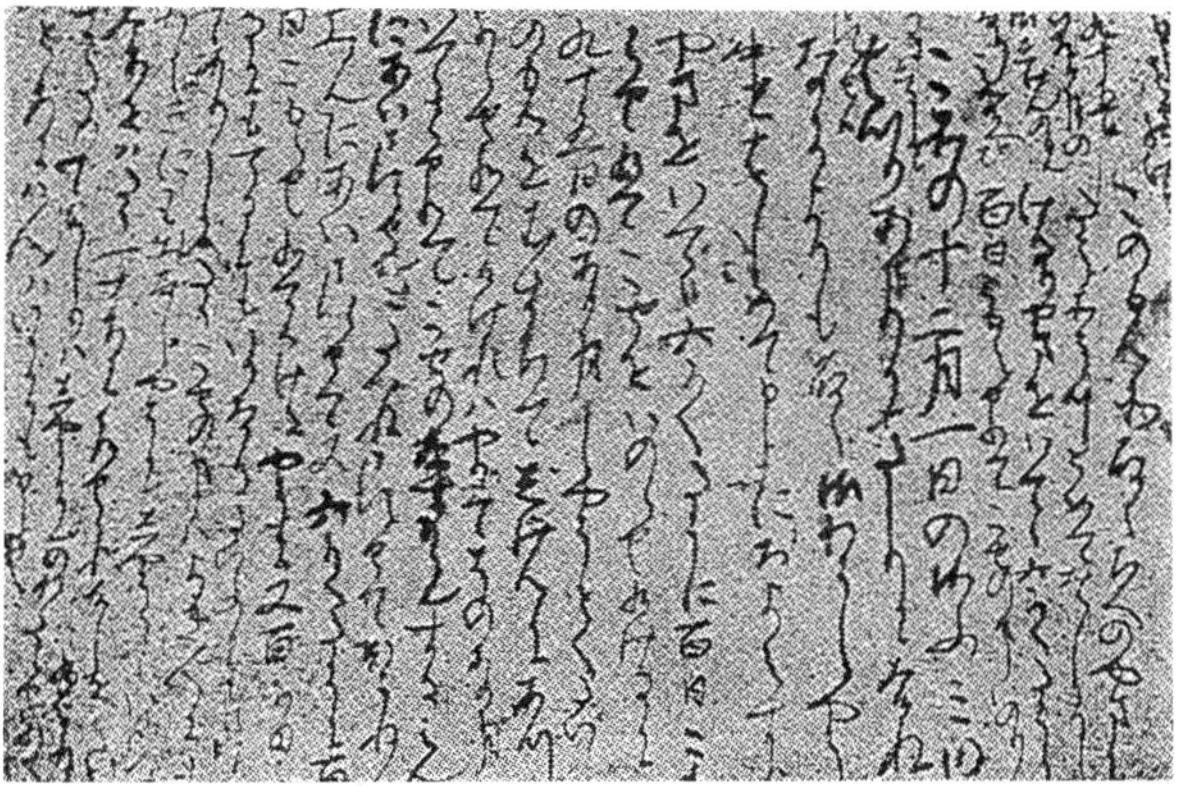

恵信尼の手紙

六角堂（京都　頂法寺）

おせになったのを、うけたまわり、決心をさだめられました。法然上人がいらっしゃるなら、そのところに、人はどのように申そうと、たとい（法然上人は）悪道（地獄）にいらっしゃるだろうと（人は）申しても、（私は）いままでいくつもの生《しょう》に迷っていたからこそ、流転《るてん》してきたのだ、とまで思う、この身であるから、（私は法然上人についてゆこうと）いろいろと人がいわれたときも、おっしゃったのだ」。

また、その端書《はしがき》（手紙のはしに書きそえる文章）には

「この手紙こそ、殿《との》（親鸞）が比叡の山で堂僧をつとめていらっしゃったが、山を出て六角堂に百日おこもりになって、後世《ごせ》（死後の世界）のことをお祈りになられた、九十五日のあかつきの御示現《ごじげん》の偈文。それを『ごらんなさい』とおもって、書きしるしてさしあげます。」

とある。

この文章は、女性特有の、きめのこまかさをもっている。そのため、かえってわかりにくい点も多いのである。いま、話の筋《すじ》を

明らかにしてみよう。

親鸞は比叡山を出て、六角堂で百日の参籠（おこもり）を行なった、という事実が、まず、しるされている。それはいつはじめられたのか、この恵信尼文書だけではわからない。しかし、わたしたちはさきに、三つの夢の記の親鸞文書によって、今回の示現のあった年月日を知った。建仁元年四月五日。その日が、おこもりをはじめてより、九十五日になるというのであるから、そのはじまりは、一月一日ころとなろう。つまり、大乗院の夢告のあった十二月三十日の直後である。すなわち、六角堂にこもりはじめたのは、大乗院で、如意輪観音《にょいりんかんのん》の夢告を受けたことが、直接の原因だったのである。六角堂は、そのころ如意輪観音の霊地として、人々の信仰を集めていた。大乗院の夢告で勇気づけられた親鸞は、さらに如意輪観音の本場におこもりすることによって、本格的な回答を得ようとしたのである。今回の夢告は、満願の五日前にあらわれた。

「聖徳太子の文を結びて、示現にあずからせ給て候ければ…」という一節は、これまで学者の間にながい対立をうんできた。

一方の学者は、このとき示現を受けた偈文は、「廟窟《びょうくつ》偈《げ》」であろうという。

これは、平安中期に作られたもので、親鸞のころには、聖徳太子の真作として、信ぜられていたといわれる。しかし、このようなレディーメード（できあい）の偈文では、ここで突然、親鸞に感動を与える「夢告」として出現したことが、理解しにくいのである。

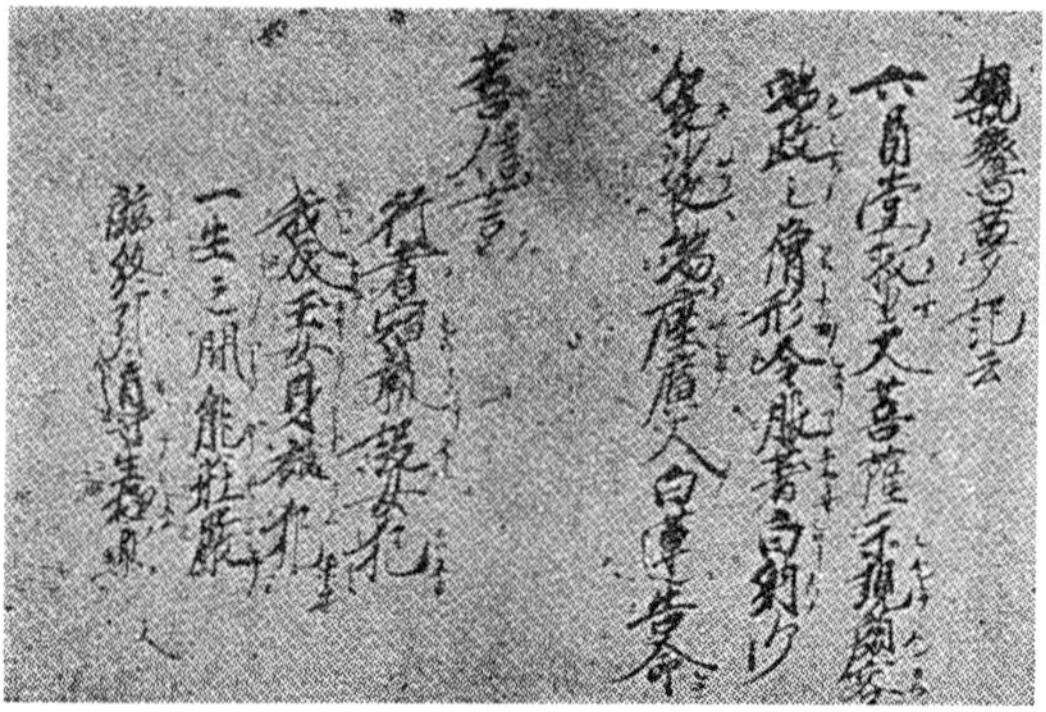

女犯《にょぼん》の偈《げ》文《よみ》

　これに対し、「女犯ノ偈文」（六角堂《ろくかくどう》の偈文）をあてる学者たちがいる。先の三つの夢の記の中の第三の夢告である。この偈文は、『伝絵』にものせられていたが、別に親鸞の高弟真仏が書写した文書があるので、現在親鸞の真作として疑う者はない（真仏は親鸞より五年はやく死んだ。したがって、これは親鸞生前の書写となる）。それはつぎのようである。

「親鸞夢記ニ云ウ
六角堂ノ救世大菩薩ガ、顔カタチノトトノイスグレタ僧ノ姿ヲアラワシテ、
マッシロナ御ケサ（僧の衣）ヲキテ、
広ク大キナ白イ蓮華ノ花ノ上ニシッカリトスワッテ、
ワタシ（善信）ニツゲテイウニハ
　　行者宿報《ギョウジャシュクホウ》ニテ設《タト》ヒ女犯《ニョボン》ストモ
　　我《ワレ》、玉女《ギョクニョ》ノ身ト成リテ犯《ホン》セラレム
　　一生ノ間能《ヨ》ク荘厳《ショウゴン》シテ
　　臨終《リンジュ》ニ引導《インドウ》シテ極楽《ゴクラク》ニ生セシメム
行者ガコレマデノ因縁ニヨッテ、タトイ女犯（女性と肉体の交わり

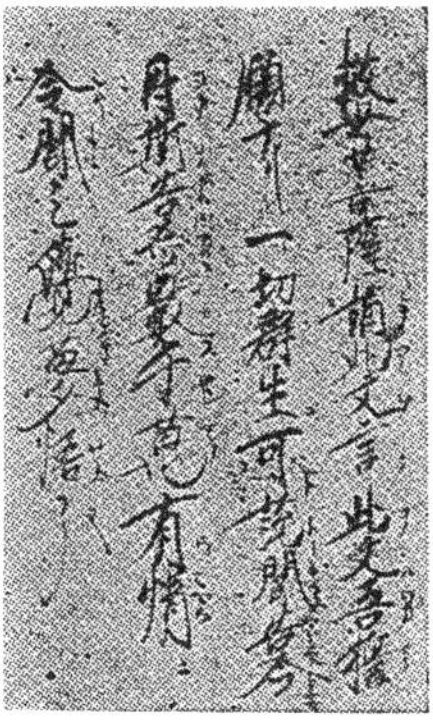

をすること）ガアッテモ、
ワタシ（観音）ガ玉女ノ身トナッテ肉体ノ交ワリヲウケヨウ、
一生ノ間、能ク荘厳（永遠化すること）シテ、
ソノ死ニサイシテ、引キ導イテ極楽ニ生ゼサセヨウ
救世菩薩ハ此ノ文ヲトナエテイウニハ『此ノ文ハワタシノ誓願デアル。一切ノ人々ニトキキカセナサイ。』トツゲラレタ。コノシラセニヨッテ数千万ノ人々ニコレヲ聞カセタ、トオモワレタトコロデ、夢ガサメオワッタ」

女犯の偈文（真仏書写、高田専修寺蔵）

この場合、親鸞の「自作」であるから、「夢告」としては適当であるが、「聖徳太子の文」というのが落ちつかないのである。いくら「救世《ぐぜ》観音」の垂迹《すいじゃく》が「聖徳太子」であるとしても、やはり「救世観音の文」といってほしいところだからである。

しかし、この両派の争いは、今回の三つの夢の記親鸞文書の発見（真作決定）によって、落着した。つまり、「聖徳太子の文」とは、例の親鸞十九歳の「磯長の夢告」のことだったのである。これは、聖徳太子が石の戸を開いて出てきて述べるのであるから、「聖徳太子の文」そのものズバリである。これに対する回答として、あずかった「示現の偈文」こそ、「女犯の偈文」だったのである。

親鸞の足どり

つぎに問題なのは、親鸞が「女犯の偈文」の夢告を得てからの足どりである。まず、問題は、「後世が助かるような縁にお会いしようと、あちこちおたずねになって、ついに法然上人にお会いになって」とある一節である。

「後世」といっているのを一般的に解してはならぬ。端書《はしがき》にも六角堂で「後世の事をおいのりなさった」とあるが、これも何十年か先の死のためではない。「磯長の夢告」のしめす、あと数年内にせまった、「死」のためなのである。また、いままで「女犯の夢告」を得て、一直線に法然のもとへ走ったように解していたのは、文脈の読みちがいだ。親鸞は六角堂を出て、諸所に各上人たちに、自分の所願を求めたのである。そのような模索歴訪の結果、ついに終生の師、法然上人に会ったのである。そのあと、親鸞は法然の吉水草庵《そうあん》への百か日参訪を行なったのである。それはちょうど、それまでの、六角堂百日（実は九十五日で終わった）参籠にも似ていた、というのである。

「ふるにも、てるにも、いかなるたいふ（大風）にも、まいりてありしに」という美しいことばの底には、必死の親鸞の形相《ぎょうそう》がにじんでいる。

たとい地獄でも

それでは、このように親鸞にうちこませた法然は、いったいどのようなことをいったのだろうか。それはただ、「よき人にも、あしきにも、おなじやうにしゃうじいづべきみちをば、ただ一すじにおほせられ候し」だったというのである。他の上人たちは、旧仏教の常として、「善人」の往生《おうじょう》を認め、「悪人」の往生は、これを認めなかった。これに対し法然は、善人と同様「悪人」もまた、救われるとしたのである。この場合、「悪人」に力点がかかるのは当然である。そして親鸞は、その一点に感動した。

ところが、そのころ親鸞のまわりの人々は、親鸞が体制側公認の比叡山を離れ、そのいみきらう新興の法然教団にはいることに反対した。そして、いろいろと非難の声をあびせたのである。その中には、「あんなまちがった教えを述べている法然上人は、地獄に落ちるだろう。」という者さえあった。しかし親鸞は、それに対してもいっさい動じなかった。「たとい、地獄であっても、法然上人のゆかれるところには、わたしはよろこんでいっしょにゆきます。」といいはなったのである。それによって、遠い昔よりさまよいつづけてきた（生々流転《しょうじょうるてん》）、その迷いの根源を断ち切ろう、というのである。

親鸞のこの決意は、すなわち親鸞の原《げん》体験となった。「原体験」とは、一つの体験が、その人の生涯にとって、決定的な意味をもち、その人の一生のすべての行動をささえる基盤となっているような、そんな根本の体験をさすのである。親鸞がつねづね、この体験を出発点として、思索し、人に語っていたことは、あとに述べる有名な『歎異抄』の一文（第二条、二〇八ページ参照）によっても知られるであろう。

しかし、ときとして、人は読みちがえて、この話を晩年の親鸞の語ったことばとして考える。それは『歎異抄』を先に読んで、その目でこの文章を見るからである。この点、実は原文では、「けり」（法然に会う前）と「し」（法然に会ったとき）という、二つの過去の助動詞の使い分けによって、ハッキリと、しめされているのである。

女犯の偈文の意義

さてここで、ふたたび足をひきかえそう。今回、親鸞の得た「夢告」は、いままでの二つの「夢告」とは、ずいぶんちがった色彩をもっている。それはいったい、どんな意味をもっているのだろうか。それをつきとめるとき、比叡山を去らねばならなかった親鸞の心境、あれほどまでに法然にうちこんだ、その心が、もっとクッキリと浮かび上がってくるだろう。

偈文の中の「行者」とは、真実の道を志し、仏道の中で修行している者である。しかし、その身と魂を、今、しっかりとつかんでいるのは、女性の問題だ。ところが、仏教には「清浄戒《しょうじょうかい》」がある。僧侶は、いっさい女性に近づいてはならないのである。このような矛盾に向かい合って苦しみぬく親鸞に対して、「夢告」がおとずれる。もし、女性の肉体と交わりを結ぶときは、わたし（如意輪観音《にょいりんかんのん》）がその女性となっていよう。だから、その行為は破滅への道ではなく、かえって救済への道なのだ、と。

さすがに「夢告」は、それをうみだした当人にとって、つごうのよいことばをささやくものだ、などと皮肉な目で眺めるのはよそう。不条理なタブー（禁戒）を打ち破ろうとする精神と、その行為の意義を永遠化しようとする願いが、この偈文の中で幸せな交わりを遂げているのである。

問いつめる女

比叡山時代、親鸞の経験した不思議な事件を伝える「伝説」がある。建久九年、親鸞二十六歳のときである。京都で正月の儀式に加わった帰り、赤山《せきざん》明神へ参詣した。そのとき、桓根（神籬《ひもろぎ》）のかげから女がただひとりあらわれた。柳裏の五衣《いつぎぬ》に、ねりぬきの二重《ふたえ》を着ていた。気品が高く、宮中の女のようであった。そして親鸞のすぐそばにきて「わたしも、日ごろ、比叡山へ参詣したいとおもうてまいりましたが、今日、それを思いたちました。はじめてのところですから、ようすもわかりません。お会いした縁に、どうか、わたしを連れて登ってください。」とたのむのである。それに対し、親鸞は、丁重に断わった。「わが比叡山は、女人禁制の山です。『法華経』にも、女人は〝けがれ〟あるものだから、仏法の器（仏法にふさわしい者）ではないと説いてあります。だから比叡山を開いた伝教大師（最澄）も、女人をしりぞけた神聖な土地とさだめられたのです。ですから、まっすぐに、お帰りください。」と。しかし、その女性は、涙をたたえながら断じてひかなかった。「何となさけない仰《おお》せです。伝教大師ほどのすぐれた方が、どうして〝一切衆生悉有仏性《いっさいしゅじょうしつうぶっしょう》〟（すべ

赤山明神（比叡山麓）

ての人々はみな、救済される。仏になる種《たね》がある）という有名な経典のことばを知られないはずがありましょう。そのうえ、比叡山には、たくさんの鳥や獣や虫がいるでしょう。それには、多くの雌《めす》もいるはずです。だのになぜ、人間の女だけ、立ち入れないのですか。〃十界皆成《じっかいかいじょう》〃（すべては救済の光にはいる）と、あなたがたはよくおっしゃいますが、女を除いて、何ですべてが救済される、といえるのですか。『法華経』にも、〃龍女の成仏〃という話がのっていると聞いています。第一、仏陀の在世中の弟子にも、女性たちはいたではありませんか。それなのに、なぜ、比叡山はだめなのですか。」そういってつめよった女性の前で、絶句（ことばがつまること）して立ちつくす青年親鸞の表情さえ、おもい浮かべられるだろう。

その女性は、さらに「わたしは、比叡山に登れたら、この玉を師の上人にさしあげたいとおもっていました。ほんとうの仏法の水なら、高い峰の上にだけあっても、何の役にたちましょう。低く、いやしい谷底に降りてきてこそ、それを求める人々の心をうるおすのではないでしょうか。女人を入れない比叡山なら、わたしには、もうこの玉も用がなくなりました。」といって、玉を地に置いたまま、木立ちのかげに立ち去っていったというのである。しかも、「いまわからなくても、千日後には、あなたにおわかりになるでしょう。」という奇妙な予言をのこして。

この話は、現代のわたしたちの中にも、鋭いひびきで伝わってくる。もちろん、今の比叡山は、観光ドライブの山となって、多くの現代女性が、最新流行のルックでつめかけている。しかし、わたしたちを打つのは、この女性の〃問い〃の鋭さ、不条理なものをあいまいにせず、問いつめる精神である。そして、この精神は、いままで見てきた親鸞の精神と奇《く》しくも一致している。

現代の学者にして、この「伝説」を事実と認める者はない。それは、『正明伝《しょうみょうでん》』に出ている話である。その『正明伝』は、例の「磯長の夢告」や「大乗院の夢告」をのせており、その二つの夢告の間にはさまれて、この話がのっているのである。したがって、右の二つの夢告を「つくり話」としていたのが、現代の研究者であるから、その「つくり話」にサンドイッチされた、この話を信ずるわけには、いかなかったのである。そのうえ、この本の「文和元年壬辰《じんしん》十月二十八日、之《これ》を草《そう》し（書き）畢《おわ》る。存覚老衲《ぞんかくろうのう》（老齢《ろうれい》）六十三歳」という奥書まで、まっかなにせものとされてきたのである。

しかし、「磯長、大乗院の夢告」が、親鸞の史的事実であることが発見された、今、この「赤山明神の女」の問いをも、デッチあげとして、無下《むげ》に笑いとばすことが、できないのである。

「伝説だから、事実としてはともかく、なかなかいい話だ。」現代人の常套《じょうとう》手段である、そのような〝穏当《おんとう》な立場〟に立つことは、今のわたしには許されない。わたしには『正明伝』の伝記作者が、この事件を親鸞が玉日姫と結婚するという話の予告として結びつけていながら、「千日」という期限が合わず、つじつまが合っていないことが、気がかりなのである。話そのものが、作者の創作であった場合には、こういう事態は起こらないであろう。

また、わたしには、作者がこの話のあとで、「この女性は実は、如意輪観音だった。」と説明しながら、話そのものは、〝女性が途中で突如《とつじょ》、観音の姿に変じ〟といった、ありふれた観音霊験譚《れいけんたん》の形をとっていないことが、気がかりなのである。

逆に、なげきつつ去っていった女の姿のみで、話は突然切れている。その切れ目には、「一個の大疑問」を、名高い師匠からではなく、名もなきひとりの女性から投げつけられて、茫然《ぼうぜん》と立ちつくす親鸞の姿が見えてくるのである。その女を、悲しみつつ空しく去らせた、その事件は、とりかえしのつかない意味を帯びて、親鸞の魂の中に、深い裂け目をつくったであろう。その裂け目は、やがて「女犯の夢告」をうみだしたのである。その裂け目は、一つの「宿命」となり、「女人禁制の清浄界」といわれる比叡山から、親鸞を去らしめたのである。その裂け目は、一つの「必然《ひつぜん》」として、やがて承元の弾圧のとき、宮中の女人への伝道を「不倫」（世間の道徳に反すること）とされ、死刑にされた、住蓮・安楽たちに決然たる「連帯」をつづけ、かれらを「悪行の弟子」と見なすことを拒否し通す、親鸞をうみだしたのである。

これは単なる小説的想像であろうか。否《いな》、わたしたちの今後、検証しなければならない、必然性をもった学問的「仮説」である。

Ⅱ

斗《たたか》いと思想の生涯

――裏切らざる人生――

■人間に会う！

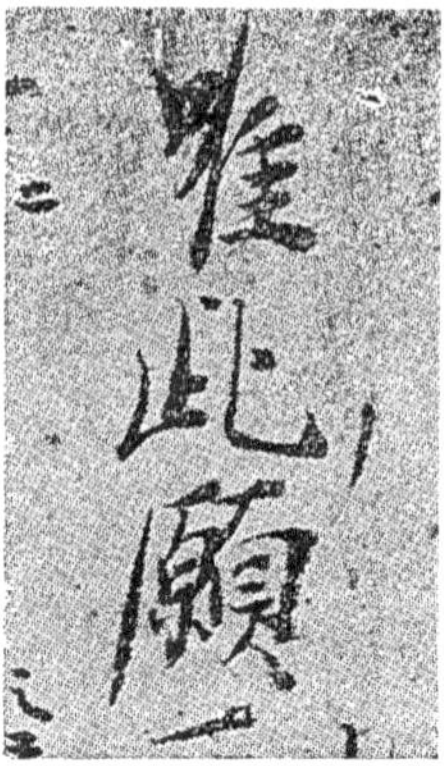

（親鸞真筆）

人民の苦しみと専修念仏運動

時代の相《すがた》　ここで親鸞の幼少年時代より前半生にかけての、時代の相に触れておこう。養和元年（一一八一）親鸞九歳のとき、平清盛が死んだ。平家の没落の前兆《ぜんちょう》（まえぶれ）だった。翌二年にかけて、有名な養和の飢饉《ききん》。鴨長明は『方丈記』に書いている。

「離れられない妻・夫をもっている者は、その愛情のより深い者が必ず先立って死ぬ。その理由は、わが身はつぎにして相手をかわいそうに思うので、まれに得た食物をも、その相手にゆずるからだ。」

夫婦の間まで、天秤《てんびん》でためされる、つらい世相である。

親鸞の十二、三歳は、木曾義仲の敗死、壇《だん》の浦の合戦《かっせん》による平家の滅亡、といった古代没落、中世の開始を告げる歴史的な大事件の相ついだ時期だ。そのときのヒーロー源義経も、親鸞十七歳のときに、衣川《ころもがわ》の館《やかた》に攻め殺された。勝者源 頼 朝《みなもとのよりとも》が、北条氏を中心とする東国地方武士団を支持の中核として、鎌倉幕府を創建した（建久三年、一一九二）。親鸞二十歳の七月である。

親鸞の青春の終わり近く、二十七歳のとき、頼朝が死に、鎌倉の武士政権にも大きな動揺がきた。このときはじまった変動は、親鸞四十九歳の承久の乱までつづく。

この承久の動乱の後、武士権力は、京都の朝廷とふたたび、ハッキリ手を結ぶ。全国の農民たちの期待をにない、農村の青年たちの血の犠牲のうえに成長した地方武士団。かれらは権力の座につくと、恩知らずにも、農村を収奪《しゅうだつ》（とりあげ奪うこと）の場とみなし、農民の生活を日に日にしめつけはじめたのだ。

そのような激変と反動化の時代に親鸞は生きていたのである。

稚児《ちご》のなげき

『宇治拾遺集《うじしゅういしゅう》』に、つぎのような話がのっている。

「比叡山《ひえい》に田舎《いなか》出の稚児がいた。桜の花のさかりに風がはげしく吹いているのを見て、この稚児は、さめざめと泣いた。これを見た、ひとりの僧侶がおもむろに近づいて『なんで、そんなにお泣きなさる。桜の花が散るのを惜しんでか。桜は、はかない花。すぐうつりかわる。しかし、それが世の道理じゃ。』となぐさめたところ、稚児は、『桜が散るなんて、私には、どうってことはありません。わたしの田舎の父が作った麦の花が散って、実《み》がはいらないと……。それを思うのがつらい。』といってしゃくりあげて、よよとばかり泣いた。無風流《ぶふうりゅう》なことだ。」

この話には、このころの世相が、こわいくらいよく出ている。少年は田舎から出て、この比叡山に奉公にやってきた。稚児は、僧侶の下働きをさせられるのだ。少年には、つらい労働だ。なぜ、かれは小さいうちから家を出なければならなかったか。不作だ。貧農は、天災や飢饉《ききん》の年がくると、食いぶちを減らすために、まだ幼い子どもを寺へやらなければならないのだ。少年は、幼くても、そのことは、よく知っている。骨身にしみてよく知っている。そして、少しでも、収穫がふえて〝お母ちゃん〟のふところへ帰る日を恋いこがれているのだ。だのに無情な風が吹いた。麦の花が散ったら収穫が減る。それは〝お父ちゃん〟から聞いてよく知っている。こわいのだ。だのに無情な風が吹いた。自分が帰れなくなるだけじゃない。今度は〝姉ちゃん〟が売られるかもしれないのだ。少年は、それを思って泣いた――。

しかし、比叡山の職業化した僧侶には、少年の心がわからない。農民の心がわからない。「桜の花の散るのを惜しむ」という、貴族の趣味しかわからない。最後につけた作者の批評が、ゾッとさせる。「うたてしやな」（無風流で、馬鹿馬鹿《ばか》しいことだ）こんな、哀れに美しい話を記録した作者が、気がついていないのだ。比叡山の僧侶の心と民衆の心の、どうしようもない断絶を。

もし、この僧侶が、親鸞だったらどうだろう。かれは少年の話を聞いて、ハッとしたにちがいない。この少年の話の中に真実が、自分たちの教養の世界に虚偽があるのに、気づきはじめたにちがいない。この少年とかれの父の心は、すなわち、後年、親鸞の生涯と深く結ばれることとなった、東国農民の心そのものだったのである。

専修念仏《せんじゅねんぶつ》

法然《ほうねん》のはじめた「専修念仏」とは、どんな意味をもっていたのだろうか。

その前に、かれがそこにたどりつくまでの経歴をみよう。

法然は、美作国《みまさかのくに》(現在の岡山県)の土豪の家に生まれたが、不意の夜襲《やしゅう》の中で父を討《う》たれ、やがて、近くの菩提寺《ぼだいじ》にはいることとなったという。その後、叡山、黒谷に、長年月の修行と学習をつづけ、「智恵第一の法然房」といわれることとなった。しかし、単なる博学では自己満足できぬ。ために、かれの煩悶《はんもん》と模索《もさく》は、やむことがなかったといわれる。そして承安《じょうあん》五年(一一七五)、四十三歳のとき、中国の善導《ぜんどう》の『観経疏《かんぎょうそ》』(観無量寿経《かんむりょうじゅきょう》の注釈書)という本を読んだ。そのとき、法然を開眼させ、日本専修念仏運動の扉を開くこととなった、つぎの一節にぶつかったのである。

「一心にもっぱらアミダ仏の名まえを心におもい念じて、寝てもさめても、時のいかんをとわず、心の中にけっして捨てることのないもの、これが正しい行ないである。あのアミダ仏の願いに従うのであるから。」

要するに、行為としては、「南無阿弥陀仏《なむあみだぶつ》」(アミダ仏に帰依《きえ》し、これを信仰する、という意味)をいつも唱《とな》えるというだけのことだ。その理由は、それがアミダ仏の誓願《せいがん》（自分の名を唱え、信じ喜ぶ者は、すべて救済するという誓い）に従うことだから、というのである。

こんなことは、現代人にとっては、およそナンセンスという以外、何物でもあるまい。しかし、では聞こう。そんな無意味なものが、なぜ、ながい世紀の間、人々の心を深くとらえつづけたのだろうか。ことに、法然や親鸞のような、ずばぬけた気力と智恵をもった人々が、これを一生のよりどころとしたのは、いったいなぜか。

この問いをほんとうに解くのでなければ、わたしたちは、歴史の真相、いや、人間の真相を見あやまることになろう。親鸞の伝記と思想を考えるうえでも、これは根本の問題なのだから、ここでしっかりと、掘り下げてみることにしよう。

わたしたち人間は、社会と文明の中にいる。そこでは、いろんな価値が、わたしたちをとりまいている。金という価値、学問という価値、家族という価値、国家という価値、趣味・レジャーという価値――およそ、ありとあらゆる「価値」にわたしたちは、とりまかれている。そして、それらの価値に動かされて、わたしたちは学んだり働いたりしているのだ。それで疑問を感じないうちはいい。しかし、ふと、あるとき、わたしたちの頭をよぎるものがある。何のため、いったい、何のためにわたしたちは生きているのだ？いろんな価値に奉仕するためか。それだけでほんとうにいいのか。死んで悔いない、生きがいがあるのか、と。この問いを、いったん発したものは〝不幸〟だ。どんな価値にとりまかれて、いそがしくしていても、だめである。同じ問いが、また、浮かんでくるのである。あらゆる価値は、その人間の生の間だけである。そうである限り、生と死を越えて、わたしたちをほんとうに満足させるもの、それを求める心は、どうにも消しようがない。それを手にしたら、死んでもいい、とおもうようなもの、生と死をつらぬく価値、それをわたしたちは、ズバリ「絶対」といってもいい。

このような「絶対」を求めるために、人間の精神がつくり出したしくみが、宗教である。神や仏というような「絶対者」も、実は、このような人間精神の欲求がうみだした被造物(人間によって、つくられたもの)なのである。わたしは、つねづね、神や仏という観念は、「道具」や「ことば」や「文字」や「科学」とならんで、人間の五大発明の一つに数えてもいい、とすらおもっている。

たとえば、つぎの例をみよう。

ひとりの部族の長が、自分の全部族を率いて、他の部族と戦おうとする。この戦闘は、人間であるわたしの意志だ、というだけでは、何年もつづく苦しい戦いの期間を、ささえることはできないであろう。しかし、これは部族の神の意志だ、という形をとれば、部族の成員は、まどわず戦いぬくであろう。このさい、引き出された「不屈の精神」は、人間のもつ本来の精神なのである。そして、それを引き出すのが「神」という観念の偉大な役割なのである。

それより時代が下がる。権力の圧政のもとに、多くの人々が苦しんでいる。その不正に抗して、ひとりが立ち上がろうとするとき、この正義は神の意志だ、とすれば、いかなる権力が死をもっておどしても、かれの意志を奪うことは、むずかしい。このようなすばらしい、人間のもつ「絶対」の精神が、「神」という観念を仲だちとして、自覚されるのである。

このような例がしめすように、「神」や「仏」は、人間精神の創造した傑作（観念の道具）の一つ、といっていいのである。さて、つぎの局面にすすもう。

仏教では、それがうみだされたインドの思想界の事情により、多くの菩薩たち・仏たちが経典に描き出されている。したがって、これら、いわば〝多くの絶対者たち〟への信仰が、仏教の中に生じるわけであるが、「絶対」の性格上、当然、ただ一つの絶対者を求める動きがうまれることとなる。これが、法然の切り開いた専修念仏（アミダ仏のみを信仰する）の道であった。

このことは、いったい、人間の精神にとって何を意味するだろうか。先に述べたように、わたしたちの魂は、たくさんの価値にとりまかれているために、かえってその根源の、ただ一つのよりどころを求めている。わたしたちの生きてきた意味を解き明かしたい。それも、につめぬいたあげくの、たった一言《ひとこと》で知りたい。これだけは、だれにもゆずれぬもの、これだけは、いかなる権威の前でもいいはなたねばならぬもの、断頭台に登らせられても、これだけは、けっして否認できぬもの。そんな一つのことばをいだいて生きる。そのような真実をもって生きるならば、平々凡々の日常生活も、まったくその人にとって、面目を一変するであろう。そのような真実をいだいて生きたい、という願いは、どんな人にも、胸の底に、奥深くひそめられているのである。自分の生きてきた意味は、これだ、とズバリと指させるようなもの。それをもっている人は幸いである。

そのような、人間精神の深い深い根源に触れる一つのことば。それを善導・法然は、仏教世界というわくの中で、「南無阿弥陀仏《なむあみだぶつ》」という一句に、象徴化《シンボライズ》したのである。この一句が、人間の心に対し、どのような深みと高まりを与えるようになったか。それをさししめしているのが、専修念仏運動、法然集団の人々の生涯であった。

法然との出会い

本願に帰《き》す　建仁元年（一二〇一、二十九歳）、そのような専修念仏運動の中に、親鸞は身を投じた。「建《けん》仁辛酉《にんしんゆう》の暦《れき》、雑行《ぞうぎょう》を捨てて本願に帰《き》す」（建仁元年、わたしは、いままで、さまざま修業していたのを全部捨て、ただ一つ、アミダ仏の本願に従いきった）

　これは親鸞がそのとき、書きしるした文章である。後に生涯の著作、『教行信証』末尾の文の中に、この一句が書きこまれている（記入された事情は、後にくわしく述べる）。まことに簡単明瞭な文章だ。人間がほんとうに決意するときは、このように簡潔《かんけつ》なことばしか、必要ないのであろう。むろん、このことばの背後には、限りない思いがこめられているであろう。比叡山で過ごした二十年。その中で、まどいにまどいぬいた青春の歳月《としつき》。まさに天と地との大疑問が、こぞっておそってきたような苦しい日々。その生活を今、決然と捨てたのである。比叡山の生活は、時代の人々の公認のコース、はなやかないただきにつらなった安全なコースであった。何はなくとも、そのコースの中にいることだけで、その時代では、いわば貴重な「財産」であった。しかし、人間が、もしほんとうに自己の心の内側をのぞきこんだとき、そのような「公認」も「安全」も「財産」も、いっさい意味を失うであろう。

専修念仏運動は、人々の熱情に火をつけた。古くからの体制的な思想の広大な殿堂の中にさえ、その炎は、日々ひろがってきていた。それゆえに、これまでの「常識」の持ち主たちは、指をあげて、法然を非難してやまなかった。昨日までの「穏健《おんけん》」な考えの人々は、まなじりを決し、なりふりかまわず、専修念仏者を攻撃しはじめていたのである。さらに朝廷に訴えて、専修念仏運動を禁圧しようとする動きは、南都（現在の奈良）でも北嶺（現在の比叡山）でも、年々はげしくなりつつあった。

そのような運動の中へ、昨日までの師匠《ししょう》や同僚たちの叱責《しっせき》や忠告にも背を向けきった親鸞は、はいってゆくのである。このような決断であるからこそ、親鸞は、もっとも簡潔なことばを用いたのである。

法然《ほうねん》と親鸞の間

このようにして、吉水集団にはいった親鸞に対し、法然は、どのような態度で接したのだろうか。これを物語る第一の史料は『教行信証』の末尾にのせられている。それによると吉水にはいって四年たった元久二年（一二〇五、親鸞三十三歳）、親鸞は法然の許可を得て、法然の主著『選択集《せんじゃくしゅう》』を書き写した。この本は、そのころ、わずかの人にしか書き写すことを許されていなかった。それを入室まもない親鸞に許したのである。そして四月十四日、これを書き終え、㈠『選択《せんじゃく》本願念仏集』という、本の題名と、㈡「南無阿弥陀仏《なむあみだぶつ》」ということばと、㈢「往生之業《ごう》念仏為本」（救済される道は、念仏を根本とする）という、専修念仏運動の中心スローガンと、㈣そのころの親鸞の名であった「綽空《しゃくくう》」という名まえとの四つを法然に直接書いてもらったという。

さらにその同じ日、法然の肖像画を借りて、それを模写《もしゃ》しはじめた。それが完成したのが、七月二十九日だった。それを法然に告げると、法然はふたたび筆をとって、「南無阿弥陀仏」と、善導のことば（四十七字）とをその肖像画（七四ページ写真参照）に書き加えてくれた。また、その同じ日、親鸞は改名した自分の名まえを、法然の肖像画の中に書いてもらった。

親鸞の名まえについて一言しておこう。比叡山時代の親鸞が「範宴《はんえん》」といったことは、先に述べた。これは、父の「有範《ありのり》」の一字をとった命名であろう。吉水にはいった親鸞は「綽空」と名乗った。中国の念仏運動に大きな足跡をのこした道綽と師の源空（法然の名）の名を一字ずつとったものである。そういう由緒《ゆいしょ》ある「綽空」の名を「夢告」によって「善信」と改めた。そして、その新しい名「善信」を、法然に、この肖像画完成の日に書いてもらったのである。

それでは、この「夢告」とは何だろうか。なぜ、由緒ある名まえを変えねばならなかったのだろうか。

第一の問いは、これまで学問的には答えることができなかったものだ。しかし、今のわたしたちにはハッキリしている。十九歳の「磯長の夢告」だ。あの最後に「善信善信真菩薩」とあったのをおぼえているだろうか。あそこでは、「善ク信ゼヨ、善ク信ゼヨ」とリフレイン（くりかえし）して読むところだったのだが、ここでは、その句をそのままとって、名まえとしたのである。

では、なぜそうしたのだろうか。「磯長の夢告」の問いは、「真の菩薩」の探究であった。それは今、『選択集』に書かれた専修念仏の思想によって答えられた。「南無阿弥陀仏」の一句だけが、その、につめられた回答だったのである。この『選択集』書写、肖像画模写のことを述べた文の終わりは、「是《こ》れは、往生が決定した、というしるしだ。」と結んである。まさに、あの日より「十余歳《よさい》」にして、古いいのちは「寿命《じゅみょう》」を終え、新しいいのちが誕生した。その感激が、終生、変わらなかった「善信」という名として、しめされたのである。それはまた、法然という四十年はやく生まれた魂と、親鸞という若い魂とが相許しおうた、そのしるしでもあったとおもわれる。このような感激を親鸞に与えた法然とは、いったいどのような人物だったのだろうか。

吉水の法然

わたしたちが法然の人と思想を知りたい、とおもうとき、大きな障害が横たわっている。それは史料上の問題である。法然の自筆文書《もんじょ》は驚くほど少ない。今、京都の廬山寺《ろざん》に、『選択集』の自筆本がある。ただし、先頭の

選択《せんじゃく》本願念仏集
南無阿弥陀仏、往生ノ業ハ念仏《ねんぶつ》ヲ先《せん》ト為《な》ス

という、二行の文字だけが、法然の自筆である。あとは、門弟たちが交代で書いているのだ。したがって、厳密には、法然を中心とする専修念仏吉水集団が、共同でうみだした本、ともいえるだろう。

昭和三十七年四月、めずらしい発見があった。寺の仏像を調査しているとき、その胎内から、法然自筆の手紙三通があらわれてきたのだ。正行房《しょうぎょうぼう》あてのものである。

法然の肖像
三河国(愛知県)妙源寺蔵

現在において、これら以外に自筆文書はない。

これに対し、法然に関する伝記、記録の類は数多い。これらに対する厳密な史料批判を行ない、史上の法然像を建設する仕事がわたしたちにのこされている。今は、確実な史料にもとづき、それとの関係を確かめつつ他の史料を使おう。そして、法然とはいかなる人物か。それを追跡してゆこう。

『選択集』

まず、『選択集《せんじやくしゆう》』の中にはいってゆこう。法然が、なぜ、「念仏だけ」という易行《いぎょう》（だれにでも、すぐできる、やさしい行《ぎょう》）の立場にたったか。その理由を述べた、有名な文章だ。

「もし、それ、仏像をつくり、塔をたてることをもって、アミダ仏が本願（「もし、これこれのことをしたなら救済しよう」という、ちかい）となさるならば、日々の生活に苦しむ貧乏な者は、きっと救済（往生）ののぞみを失うであろう。しかるに、世には金に富み、地位の高い人は少なく、貧しくいやしい身分の者はたいへん多い。

もし、智恵や高い才能をもって、本願となさるならば、おろかで頭にぶく智恵の少ない者は、きっと救済ののぞみを失うであろう。しかるに、世には智恵の者は少なく、おろかな者はたいへん多い。

もし、見聞のひろいことをもって本願となさるならば、見聞の少ない者は、きっと救済ののぞみを失うであろう。しかるに、世には見聞の多い人は少なく、見聞の少ない者はたいへん多い。もし、戒律《かいりつ》（「なになにをしてはいけない」という、宗教的・道徳的なおきて）をたもつことをもって、本願となさるならば、戒律を破ったり、戒律の意識さえない人は、きっと救済ののぞみを失うだろう。しかるに、戒律をたもつ人は少なく、戒律を破る者はたいへん多い。」

単純な主張のくりかえしだ。しかし、ひたひたとおしよせてやまぬ海のひびきのように、読む者の心をえぐるだろう。階級的差別のはげしい世にあって、その対立と矛盾をごまかしのない目で見つめたうえで、自己の宗教の立場を明らかにするのである。社会矛盾のもっとも鋭い地点で、自分が何を見失わず、何に固執するか。この問題こそ、いつの時代でも人間の全存在をかけた問いである。法然は、それに対する専修念仏運動の側の回答を、このとき明白にいいはなったのである。日本人の思想史の中で、これは類少《たぐい》ない名文の一つではあるまいか。

スポンサー兼実《かねざね》

しかし、これは楯《たて》の反面だ。わたしたちは、同じ『選択集』の終わり近くにつぎの文を見いだして驚くのである。

「だのに今、おもいがけなく関白《かんぱく》藤原兼実公の御命令を受けた。お断わりするわけにはゆかない。それで今、念仏の大事な文を集めて、そのうえ念仏の大事な教義を述べた。ただ御命令のむねをふりかえってみて、それを達せねばならぬと思い、こちらの能力のなさをかえりみなかった。恥を知らず、あつかましいかぎりだ。」

民衆の側に敢然と立ってゆずらぬ精神の書が、時の権力者兼実の命令によってつくられるとは、どういうことだろう。確かに、兼実は法然をあつく信頼した。法然も、しばしば兼実の邸《やしき》におもむいた。両者の結びつきの深さは、後に、法然が流罪《るざい》になったのを聞き、兼実は悲しんで、その死をはやめた、といわれるのを見ても知れよう。

確かに吉水集団は、一種の混沌《カオス》（いろいろのものがまじりあって区別できぬさま）をふくんでいた。一方では最高級の貴族の信頼、他方では無知、貧乏の民衆の信仰をになっていたのである。しかし、このような矛盾を、やがて来る承元の大弾圧は吹きとばすであろう。その後に、親鸞は東国で民衆の海の中に深く深く潜行する。その中に、弾圧に抗して生きつづける、法然死後の原始親鸞集団は誕生するのである。

親鸞の見た法然

親鸞は法然をどのように見ていたか。それを語る絶好の史料がある。

「何事も分別《ふんべつ》できぬような、無知であさましき人々が来たのを御覧《ごらん》になると、法然上人は『あの人々は必ず往生を遂げるだろう』と微笑しておられたのを私は眼前に見ました。その反対に、学解《がくげ》ありげに賢《かしこ》ぶった人がやって来たのを御覧になると、『あの人の往生は、はたしてどのようなものだろうか』といわれたのを確かにそばで私はお聞きした。あの当時から、九十歳近くなった今にいたるまで、そのことがありありとおもいあわせられます。」

ここに描かれた法然は、いかにやさしく、いかにきびしいことか。無知な民衆のひとりびとりに向かっては、無限の微笑をもって報い、自らの知恵をほこる偽善的なインテリたちに向かっては、毅然《きぜん》として相対する。それが吉水時代、「わたしの現に見た法然、今にいたるまでわたしの心をうちつづけている法然だ」と親鸞はいうのである。これは、親鸞が実に、死の二年前、八十八歳のとき東国の門弟に書きおくった手紙の一節だ。してみると、二十九歳のとき、吉水の門にはいった親鸞が、死の直前までいだきつづけていたのは、ほかならぬ、このような姿の法然である。このように偽善の知識をほこる人たちを憎む法然は、先にあげた、『選択集』の中の易行《いぎよう》をえらびとる理由を述べた文の精神とピッタリ一致しているのである。

ここでわたしたちは、「知識」について考えてみよう。「知識」は本来、人間のためにある。いいかえれば、すべての民衆のために存在すべきものだ。それなのに、現実はどうだろう。知識は、知識のある者とない者とを二つに分ける。そのうえ、上下の身分に差別する役割をになわせられている。「知識」こそ、人間差別の道具である。現代においてもそうだ。本来、純粋に「知識」を得るための手段であるはずの「学校」。それが卒業資格のレッテルの有り無しで、社会へ出てからの地位や身分をふり分けるための手段、となっている。わたしたちは、「学校の目的」についての、いっさいの美しいことばにもかかわらず、このいつわれぬ現実の姿を疑うことができないのである。

このような「虚偽の知識」に対する深い抗議の声が、『選択集』の文章や親鸞の晩年の手紙の伝える法然の姿にはふくまれている。それゆえ、現代のわたしたちの胸を打つ力をもっているのだ。

ミダの化身としての法然

このような法然は、現代にとっても、あまりにも切実だ。これに対し、わたしたちを、一見辟易《へきえき》（勢いにおされてしりごみすること）させるのは、法然が、「アミダ仏または大勢《だいせい》至菩薩《しぼさつ》の化身《けしん》（神仏が形をかえて人間として、この世にあらわれ、人々を救う姿）」だ、という信仰である。親鸞の書き写した『西方指南抄《さいほうしなんしょう》』の中に、法然にまつわる霊験譚《たん》（神仏の不思議な力がこの世にあらわれた話）が数多くのせられている。法然の死ぬときに紫の雲が立ったとか、法然は八幡大菩薩の化身だ、いや大勢至菩薩の化身だ、という類の夢の話である。このような霊験譚の発生する時期は意外にはやいのである。

一般の人々だけではない。親鸞自身もそのように信じていた。恵信尼文書《えしんにもんじょ》第三通にある、恵信尼が見た夢の話は奇怪だ。彼女は夢の中で、二体（二つ）の仏の姿を見た。そしてある人が出てきていうには、一体は勢至菩薩で、法然上人のことだ。もう一体は観音《かんのん》で、善信の御房《ごぼう》（親鸞）のことだ、といって夢さめた、というのだ。恵信尼は、夫親鸞に勢至菩薩のことだけを話した。すると親鸞が、それは実夢《じつむ》（事実とピッタリ合っている夢）だ、法然上人が勢至菩薩の化身だということは多くの人が夢に見ている、と答えたというのである。それから恵信尼は、心の中に夫を観音の化身とおもいつづけた、というのだ。親鸞生前であるだけ、現代人には、感心するより前に、何か、やりきれないような思いをさせる話ではないか。

しかし、親鸞自身も晩年の和讃《わさん》の中に、法然を「アミダ仏」や「大勢至菩薩」の化身としてうたっている。

このようなことは、いったいなぜ起こるのか。別に驚くことはない。中世は、こういった考え方の横行する世界なのだから。少し目だった「上人たち」には必ずこういった話がうんざりするほど、くっついていたのである。問題は、つぎの点だ。人が「あれは絶対だ。」と指さすとき、すなわち、自己の魂が何をいちばんたいせつにしているか、告白しているのである。自己の中に存在する〝絶対なもの〟を明らかにしているのだ。

親鸞は法然を「アミダ仏や大勢至菩薩」の化身だ、という。かれは、何がいいたいのだろう。それによって。親鸞が死の二年前に書いた法然、若き日より心の中にもちつづけてきた法然の姿をおもい起こそう。偽善の知識人に対しては、きびしく立ち向かい、無知で貧しい民衆に対しては、あくまでもやさしくあり通す法然。このような人間こそ、不滅だ、絶対だ。わたしはこの人といっしょなら、死んでも悔いない。——親鸞はこれを自己の魂とした。それを中世人として、「化身」ということばで語ったのである。

南都北嶺の攻撃

——権力と宗教の野合《やごう》——

親鸞にとって、あまりにも楽しかった蜜《みっ》月のような吉水時代は、劇的な終末に近づきつつあった。乳水《にゅうすい》のように和合した集団に向かって、狂暴な嵐《あらし》が日に日に吹きまさってきたのである。

七箇条《かじょう》の起請文《きしょうもん》

元久元年（一二〇四、親鸞三十二歳）十月、延暦《えんりゃく》寺の衆徒は専修念仏停止を座主《ざす》真性《しんしょう》に訴えた。親鸞が法然のもとにはいってより、わずか三年めの秋である。十一月八日、法然は七箇条の起請文（神仏に誓いをたて、世間にしめす文書）をつくって告示した。専修念仏者に対する体制側の非難に答えるためである。

その大略は、

一　他宗《たしゅう》の教義を非難し、ミダ以外の仏をそしることを禁止する。
二　専修念仏以外の人々に対して、けんかめいた議論をすることを禁止する。
三　専修念仏以外の人々に対して、かれらのやりかたを否定し、あざわらうことを禁止する。

四　女犯や飲酒や食肉を他《ひと》にすすめ、戒律を守る者をあざけり、専修念仏者は悪をつくるのを恐れるな、と説くことを禁止する。
五　師（法然）の説でもないのに、かってに自分でつくった教義を述べ、一般の人々を迷わし乱すことを禁止する。
六　人に邪法（まちがった仏法）を説き聞かせることを禁止する。
七　邪法を正しい仏法と称し、いつわって師（法然）の説だということを禁止する。
（つづいて、大略つぎのようなあと書きがある）

右にあげたような、まちがった傾向が最近十年このかた起こってきた。こんな無法なことはつつしんで、おかしてはいけない。このうえ、このおきてに背《そむ》く者は、わたしの門人ではない。悪魔のともがらである。

わたしは右のような、まちがった説のうわさを聞いて、だれのあやまりとも確かにわからず、なげいてきた。も

七箇条起請文の署名親鸞（32歳）

う、黙っているわけにはいかないから、この禁止の起請文を書いて、専修念仏の人々にしめしたのである。

このような文のあとに、法然の署名（沙門源空、花押《かおう》）があり、以下百八十九人の弟子があいついで署名した。親鸞は八十六番めに署名している。「僧綽空」という、かれの三十二歳の字である。この原本は二尊院（京都）に現存する。しかし、この起請文も、しょせん、体制側の法然集団への攻撃の火の手をゆるめることはできなかった。専修念仏の働き手たちは、現実に日々民衆の心をつかみつつあったからである。民衆の心をつかむことほど権力者を不安にさせ、怒らせる行為はない。このようにして、最後のカタストローフ（大破滅）へと法然集団は接近しはじめたのである。

南都の奏状《そうじょう》

「七箇条の起請文」が書かれてより一年め、親鸞が『選択集』の書写を許された、その年（元久二年、一二〇五）の十月。興福寺から朝廷に長文の奏状が出された。専修念仏を、公権力によって禁止することを求める訴えである。文章の執筆者は、南都に名僧といわれた解脱上人貞慶《げだつしょうにんじょうけい》。しかも、これは、かれ個人の資格で書かれたものではない。八宗同心《しゅう》の訴訟《そしょう》であり、興福寺は「僧綱大法師《そうこう》」の位置にあったため、八宗を代表したといわれる。「八宗」とは、南都の六宗（三論宗・成実宗《じょうじつ》・法相宗《ほっそう》。倶舎宗《ぐしゃ》・華厳《けごん》宗・律宗《りつ》）と比叡山の天台宗、高野山の真言《しんごん》宗の総称だ。だから、体制側の全宗教集団はこぞって法然の専修念仏集団に対する公然たる攻撃をはじめたのである。今その長文の要旨をしめそう。

興福寺の僧綱大法師《そうこうだいほうし》等が、おそれながら申しあげます。

天子の御判決を受けて、法然（沙門源空）がすすめる専修念仏宗の教えをただし、あらためられることを請《こ》う、奏状。

右つつしんで考えるに、ひとりの沙門《さもん》（僧）がおり、世に法然といっています。念仏の宗《しゅう》を立て、専修《せんじゅ》の行《ぎょう》をすすめており、そのことばは、むかしのすぐれた師匠《ししょう》たちに似ているけれども、その心は、多く本来の仏の説に背《そむ》いています。今大体《だいたい》かれの過《とが》（あやまち）を考えるに、つぎの九箇条が考えられます。

第一　新宗を立てる、というあやまり

わが国には、すでに八宗があり、ととのっています。だから新たに一宗を立てる必要は、まったくありません。そのうえ、もし、かりに一宗を立てるとしても、そのことを朝廷に奏上して、天子のお許しを待つのが当然です。それなのに、それもせず、私《わたくし》に一宗を名乗るのは、大変不当なことです。

第二　新像を図《ず》す、というあやまり

最近、あちこちで専修念仏の人々がもてはやしている絵図《えず》は、大変けしからぬものです。ミダの救いの光が専修念仏者にだけ照りつけ、同じその図の中に描かれている他の行の人々には、その光がそれてまったくあたらない。そのように、わざと描かれているのです。

第三　釈迦《しやか》を軽んじる、というあやまり
専修念仏者はミダ仏だけ信じて、仏教徒にとっていちばん肝心の釈迦牟尼仏《むにぶつ》を軽んじています。

第四　よろずの善行をさまたげる、というあやまり。
専修念仏者は、他宗をそしり、「造像起塔《ぞうぞうきとう》」というような善行をあざけります。法然上人自身は智者ですから、そんなことはありますまいが、その門弟の中には、けしからぬ者がいて、一般の人々に、いろいろの悪行さえおそれぬようにさせています。

第五　日本の神々に背く、というあやまり
日本では、仏教と神道とが、かたく結びついています。だから伝教・智證・行教・弘法といった高僧も、みな神々をあがめています。だのに専修念仏者は「もし、神々をおがめば、必ず、魔界に落ちるぞ」と言いふらしています。いくら末法の世の中とはいえ、朝廷の天子や貴族をうやまうのがあたりまえです。まして神々を拝せぬなど、とんでもないことです。こんな危険思想は、もっとも禁止せねばなりません。

第六　「浄土」の意味に暗い、というあやまり
かれらのたいせつにする「観無量寿経《かんむりようじゆきよう》」の中にさえ、ちゃんと念仏だけでなく、いままですすめられてきたさまざまの善行を積むように、とすすめてあります。それだのに、井戸の中の蛙《かわず》が大海を知らないように、かれらは「念仏だけ」を主張しているのです。

第七　「念仏」の本来の意味を誤解する、というあやまり

「念仏」とは、本来、「アミダ仏のことを心の中に思いこめる」ことであって、「アミダ仏の名を口に唱える」こと（称名）とは区別されています。このことは『観無量寿経』にも書かれてあるうえ、かれらの尊敬する中国の善導《ぜんどう》もいっていることです。そのうえ、単なる口唱よりも、心に思いつめる「念仏」のほうが勝《すぐ》れている、とされているのです。それだのに、かれらはこれを混乱して、「ナムアミダ仏」と口に唱えさえすればいいとおもい、それをまちがって「念仏」と名づけているのです。

第八　仏教徒に害を与える、というあやまり

かれらは、「囲碁《いご》や双六《すごろく》から女犯《にょぼん》、肉食、すべてちっともかまわない」といって、仏法の清浄戒《しょうじょうかい》をけいべつします。そして「末法の今どき、戒律を守る人間なんて、市《いち》の中に虎がいるようなものだ。かえって危険千万だ。」なぞといいふらすのです。こういう考えがひろめられてくれば、仏法は滅んでしまいます。しかも京都近辺はまだいいほうで、北陸、東海などの諸国には、おそろしい勢いでひろまっています。だから、天子の命令による公《おおやけ》の法律によって、専修念仏を禁止していただくほか、この事態をくいとめる方法はありません。今回の奏上の真意は、ここにあるのです。

第九　国土を乱《みだ》す、というあやまり

仏法と王法（天子の公の法）との関係は、ちょうど身と心とのように一致すべきものです。だのに専修念仏者は、他の諸宗と敵対し、わたしたちと和解する姿勢をもっていません。このように非妥協的《ひだきょうてき》

な思想は、はやく禁止しなければ、とんでもないことになりましょう。今回のような、全八宗が心を同じくして訴訟するという、前代未聞《みもん》のことをいたしますのは、事の重大さを思ってのことです。どうか天子の御徳によって、この悪魔のような雲がはやく風に吹きとばされることを願ってやみません。

右の件について、先年法然は、誓いや起請のようなものを書いていますが信用できません。何となれば、かれの弟子は、すぐ「聖人《しょうにん》のことばには、表と裏があるのだ」といいふらして、前とちっとも変わりありません。だから今度こそ専修念仏を禁止し、法然とその弟子たちを処罰していただくことを願います。

元久二年十月

さすが南都の大学僧の文章だけあって、理路整然としている。少なくとも、このころの仏教の教学の論理によるかぎり、あやまりはない、とさえいえよう。しかし、そのすべての巧妙な論理も、『選択集』の中の、あの易行の理由を説いた一文の思想にはおよばないであろう。有産者・有智者に対して、貧者・無知の人々の側に自己をおいた、あの数行の文の前には、いっさい光を失うのである。「天子の命令」「国土の安全」「日本の神々」「新宗《しんしゅう》の許可」、そのような、にぎにぎしいことばも、民衆の苦しみとその救済という一事に背を向けたとき、泥《どろ》でつくられた偶像《ぐうぞう》にすぎぬであろう。「浄土」「念仏」「清浄戒《しょうじょうかい》」「造像起塔《ぞうぞうきとう》」の善行についての壮大精密な教理体系も、ひとりの貧しい女の悲しみから目をそらすならば、くず紙の上のむなしい文字の行列にすぎぬであろう。「釈迦への信仰」も「新像」も、それが民衆のひとりひとりの胸の底に、どのような火をともすか、ともさないか、によってのみ、その価値がはかられねばならない。法然の専修念仏の唱導の地盤は、そのような民衆の大地に、しっかりと根をおろしていた。だから専修念仏運動は、全体制の理路整然たる攻撃にも微動だにしなかった。ために権力側が、思想弾圧、という「武力による批判」にたよるほかないときは近づいたのである。

■ 天皇が法に背いた

（親鸞真筆）

承元《じょうげん》の大弾圧

住蓮《じゅうれん》・安楽《あんらく》

「必然」の扉は「偶然」の手によって開かれる。全体制は八宗同心の訴訟を推進力としていた。吉水の集団をおしつぶすのは、もはや時間の問題ともみられよう。しかし、直接、発端《ほったん》となったのは、一つの奇妙な、偶然の事件である。

法然の弟子に、安楽という働き手があった。『選択集』の執筆者にもはいっていたと伝えられる人物である。かれは六時礼讃《ろくじらいさん》という念仏のひろめ方で知られていた。それはきまったふしや拍子もなく、人人がそれぞれ自らの悲しみや喜びやなげきを、リズムに託して念仏し、その高まりの中で恍惚《こうこつ》の境にみちびかれる。そのリードをかれがとるのである。このようなかれの情熱的な布教に引き入れられたのは、街角《まちかど》に立つ貧しい女や、日々の生活に苦しむ庶民たちだけではなかった。院の御所の女房たちも、この新しい情熱的な青年宣教者に触れたいとおもった。彼女たちも、院の古い垣根に自由をはばまれた苦しい魂をもっていたからである。それゆえ、思うままに外出できぬ身分の彼女たちは、住蓮・安楽たちを邸に招きよせて、この新しい信仰に触れようとしたのである。

かつて、平安中期、中宮定子の女房であった清少納言は、つぎのように書いている。

「説経の講師は美男子がいい。聞いているわたしのほうで、美しい講師の顔をジーッと見つめていると、ほんとうに、その美しい人の説くことの尊さをも、しみじみと感じるものだ。」（『枕草子』、第三十段）

この安楽も、人目を引く美男僧であり、六時礼讃の唱導家として朗々とひびく美声をもっていた、と伝記は伝える。かつて在原業平《ありはらのなりひら》や小野小町《おののこまち》は、平安時代を代表する美男美女とされていた。『古今集』などに伝えられる、かれらの青春の愛をうたう歌は、今も、わたしたちの胸を打つひびきをもっている。この事実こそ、実は、右の美男・美女伝説の生みの親であろう。住蓮・安楽たちの場合もそうだ。かれら青年特有の、思想への献身の情熱が、一般民衆や女たちの目にとって、まぶしいくらいに感動的だったことが、かれらの「美男伝説」をうみだした、真の背景であろう。

さて、建永元年十二月九日、後鳥羽上皇《ごとばじょうこう》は熊野山に参詣した。その自分の留守《るす》中に、女房たちが安楽たち

住蓮・安楽の墓
（京都・住蓮院安楽寺）

を御所《ごしょ》に呼び入れて、専修念仏の新しい信仰に触れていたことを聞き、烈火のように怒ったのである。このときのことを、比叡山の実力者慈円《じえん》は『愚管抄《ぐかんしよう》』の中で「御所の女房たちは、夜さえ安楽たちをとどめたりする事が出てきた。」と意味ありげに書いている。『皇帝紀抄《きしよう》』という貴族側の記録では、もっと露骨に「念仏にかこつけて、人妻や高貴な人々の女と密通した。」と書いている。

　後鳥羽上皇が立腹し、承元の大弾圧の直接のきっかけとなった、というこの事件の真相は何であろうか。後に述べるように、法然の伝記の中でも、あるものは、このような「弟子の非行」があった、といい、あるものは「無実の風聞《ふうぶん》」（根拠のない、うわさ話）だ、としている。現代の学者の中でさえ、このような史実はあったのだ、という説や、単なる貴族側のこじつけだ、という説が分かれているのである。

　しかし読者は、ここで芥川龍之介《あくたがわりゅうのすけ》の『藪《やぶ》の中』を思い起こしてもらいたい。「羅生門《らしようもん》」という名まえで映画化された作品である。さびしい山中で何が起こったか。しばりつけられた夫と、その面前で強盗にとらえられた妻、そしてその強盗、この三人の間に展開された事件の真実は何であったか。それぞれの証言はくいちがい、真相はだれにもつかめないのである。わたしたちは、この文学者の深い洞察力に脱帽しよう。

鎌倉初期の御所の中の夜の一室で、存在した真実は何であったか。留守中の後鳥羽上皇などの知りうるところではない。まして比叡山の慈円などが、どうしてうかがい知ることができよう。歴史家は興信《こうしん》所の私行調査員ではない。むしろそのような、とらえがたい事実にいらだち、その不安のために、安楽たち、人間のいのちを奪い、専修念仏集団解散、という政治行為に走った権力者のかって気ままな暴行。この歴史的な事実のみは、疑うことができないのである。

さらに問いをすすめよう。たとい、その一室で何が起こったにしても、それを真に怒る資格は、上皇などにありうるのであろうか。天皇時代から中宮《ちゅうぐう》や女御《にょうご》や更衣《こうい》などというたくさんの女たちにとりまかれ、彼女らを一身に奉仕させてきた男に、どうして御所の一室に起こったかもしれぬ事件を、怒る権利と資格があるのだろうか。その怒りは、そのころの「法」や「常識」によって正当化されていたにしろ、真に「人間の眼前において」正当化されうるものではない。しかし、後鳥羽上皇は、このような自覚をいっさいもたず、女房たちをとらえ、住蓮・安楽を院の庭にひきすえたのであった。

安楽の面魂《つらだましい》

住蓮・安楽は院の庭に引きすえられた。建永二年二月九日のことである。後鳥羽上皇は、怒りの顔もあらわに、役人たちに、あらぬ罪をあげ、非をののしり、かれらをはげしく責めさせたのである。しかし、かれらは屈しなかった。

そのとき、安楽は後鳥羽上皇の面前で、つぎの詩を、高らかに唱えたという。

修行すること有るを見ては、瞋毒《しんどく》を起《おこ》し、
方便して破壊《はえ》し、競《きそ》ふて怨《あだ》を生《な》さむ。
此《かく》の如《ごと》き生盲闡提《しょうもうせんだい》の輩《ともがら》、頓教《とんぎょう》を毀滅《くいめつ》して、永《なが》く沈淪《ちんりん》せむ。
大地微塵劫《だいちみじんこう》を超過《ちょうか》すとも、未《いま》だ、三途《さんず》の身を離るることを得可《うべ》からず。

（念仏という）正しい行ないをする者を見て怒りを起こし、さまざまのやり方でこれをこわし、競《きそ》ってうらみの心で害しようとする、このような生まれつきの心の盲、信心なき人々は、念仏の教をそしり滅ぼそうとしたために、自分が永く迷いの中に沈んでゆく。そのような人は、永遠の地獄に落ち、何億年たってもそこを出ることができない。

これは中国の善導が『法事讃』という本の中に書いた文である。この本は仏教の儀式用の偈文（詩句）を集めたものだ。だから右の詩句も、平和な儀式の中で自らの過去の罪を悔い改め、将来に戒めるという、実は、まことに穏和《おんわ》な意味合いのものなのである。

しかし、はげしい弾圧の嵐を前にして、成長してきた日本専修念仏運動にとって、この詩句はまったくちがった意味をもった。

念仏という正しい行ないをする者こそ、われわれ専修念仏者である。その専修念仏を攻撃する人々こそ、心の盲、闡提《せんだい》（信心なき人）のやからである。今は、かれらの勢いが強いようにみえよう。かれらは地上の権力をにぎっているから。しかし、かれらは知らないのだ。その自分の迫害の行為が、自分を、永遠の地獄の炎の中に突き落とすことを。

このように、簡明、率直な意味で、善導の詩句は理解された。そしてこの「念仏迫害の詩」は、専修念仏運動の人々、みんなの心のささえとなっていたのである。いま、その詩句を、安楽は後鳥羽上皇と役人たちの面前で、朗々と読み上げたのである。「上皇たちよ、お前らこそ、自分のあさましい運命を知らぬ、あわれむべき男たちだ。今、不幸なのは私ではない。威たけ高に、私を責めさせているお前こそ、真に不幸な男なのだ。」これが、安楽の鋭いまなざしの光が眼前の上皇に告げたことばなのである。

上皇はいよいよ狂い、いよいよ怒った。秀能という官人(役人)に命令して、安楽を六条河原に引かせ、首を斬《き》らせたのである。安楽は死刑の場にのぞんでも、いささかの動揺もしめさず、高らかに数百返《べん》の念仏を唱えていた。そして、しっかり合掌《がっしょう》したまま、静かに死んでいった。

これを見た多くの群集は深い感動におそわれ、専修念仏にはいる者は激増した、と伝えられている。

以上は、法然の最大の伝記、『四十八巻伝』によって、書いた。この本は当時より一世紀ちかくあとにできた本だ。だから、この話は作り話ではないか、と疑う人もあろう。このような感動的な話ほど、眉《まゆ》につばをつけて聞きたがるのが現代人のくせだ。

しかし、安楽が弾圧者の面前で、「念仏迫害の詩」を唱えたことは、事実にちがいない。なぜなら法然は、何回も何回もくりかえしてこの詩句を使い、手紙や説法を行なっていた。親鸞自筆の『西方指南抄』で、それが確かめられる。そのうえ、後にあげるように、親鸞自身がこのときのことを書いた文章「主上臣下法に背《そむ》き義に違《い》し、忿《いかり》を成し怨《うらみ》を結ぶ」）がある。事件より数年後、流罪《るざい》中に書かれたものだ。そのさい、安楽の死を描くのに、この「念仏迫害の詩」のことばをはめこみ、ちりばめて、文を構成している。すなわち、この詩句を唱しつつ、弾圧者の面前に立った安楽の壮烈な姿。その現実の姿が、親鸞にそのような文を作らせたものだ、と思われるのである。

この文は、安楽事件に直面した当の人物親鸞が、流罪中に書いた、という高い史料価値をもつ。だから『四十八巻伝』の記述は、けっして作り話とはいえないのである。

わたしは、子どものころから、勇敢に死ぬのが真の日本人だ、と教えられてきた。そのとおり、安楽は勇敢に死んだ。みごとに。ただ、戦時中にわたしが教えられたのは、天皇のために潔《いさぎよ》く死ぬことだった。しかし、安楽は天皇や上皇の面前で、かれらに抗議し、勇敢に死んでいったのである。

都を追われる

――越後流罪と承元の奏状《そうじょう》――

流《る》罪《ざい》

そのときは、ついにきた。

上皇は、住蓮・安楽を斬らせても満足しなかった。その月（承元元年二月）の半《なか》ばより終わりにかけて、状勢は、あわただしく動いた。

二月二十八日、太政官符《だじょうかんふ》が出され、法然は藤井元彦という流人《るにん》としての名で、土佐の国（現在の高知県）に流されることとなった。ただ、実際は兼実の運動により、讃岐国《さぬきのくに》（現在の香川県）にとどまることが許されたという。年は七十六歳をむかえていた。死刑にされた者に、住蓮・安楽のほかに、西意善綽房《さいいぜんしゃくぼう》・性願房《しょうがんぼう》があったといわれる。親鸞は藤井善信《よしざね》という流人としての名を与えられ、越後国(現在の新潟県)へ流されることとなった。師、法然とは東西はるかにへだてられたのである。年は三十五歳であった（親鸞の場合、あやうく死刑になるところ、ようやくまぬがれて、流されることとなったのだという、別の伝えもある）。そのほかに、浄聞房《じょうもんぼう》は備後《びんご》国（現在の広島県）、澄西禅光房《ちょうさいぜんこうぼう》は伯耆《ほうき》国（現在の鳥取県）、好覚《こうかく》房は伊豆《いず》国、行空法本房《ぎょうくうほうほんぼう》は、佐渡《さど》国に流された。幸西成覚房《こうさいじょうかく》・善恵《ぜんけい》房は二人《ふたり》とも遠流《おんる》（遠い島流し）にさだめられたが、比叡山の慈円が、かれらをあずかったという。

以上の事実は、主として親鸞の弟子唯円の記録からとった。それは『歎異抄』の終わりにそえられたものである。しかし、他にも説はある。たとえば、幸西は讃岐に流されたのだというように。けれど、今はこまかい問題にかかわる必要はない。むしろ問題はつぎの点だ。法然の弟子は数多い。だのになぜ、かれらだけがねらいうたれたのか。その中で幸西の場合はわかっている。「一念義《いちねんぎ》」は法然集団の中の急進派のグループだ。幸西は、その理論上のリーダーだったのである。親鸞の場合はどうだろう。親鸞が結婚していたことが原因だ、という説もある。親鸞は若手の急進派の理論の代表者だったのだろう、という説もある。

これについて、わたしは沈黙せねばならなかった。なぜなら、史料のない場所で、あて推量の不確実なことはいっさいいわない。それが、わたしの自分に対する約束だったから。しかし、わたしは最近の研究によって、『教行信証』の中に親鸞が流罪中に書いいた文章を見つけたのである。そこには、親鸞の、この弾圧に対する、そのときの主張が、ハッキリと書かれていた。

承元の奏状

古い地盤から、新しく発掘されたのは、つぎの文章である。親鸞の生涯と思想にとって、一つの出発点となった重大な文だ。だから、ことに原文のにおいに注意ぶかく訳してみた。

「ひそかにおもってみるに、聖道《しょうどう》（古い仏教）のいろいろの教団は、生きた行ないと生きたさとりが、もうずっと前からすたれている。これに反し専修念仏の教団（浄土真宗）は、生きたあかし（証）と生きた道が、今さかえている。それなのに古い寺院の僧侶たちは、かえってほんとうの仏教の教の精神に暗

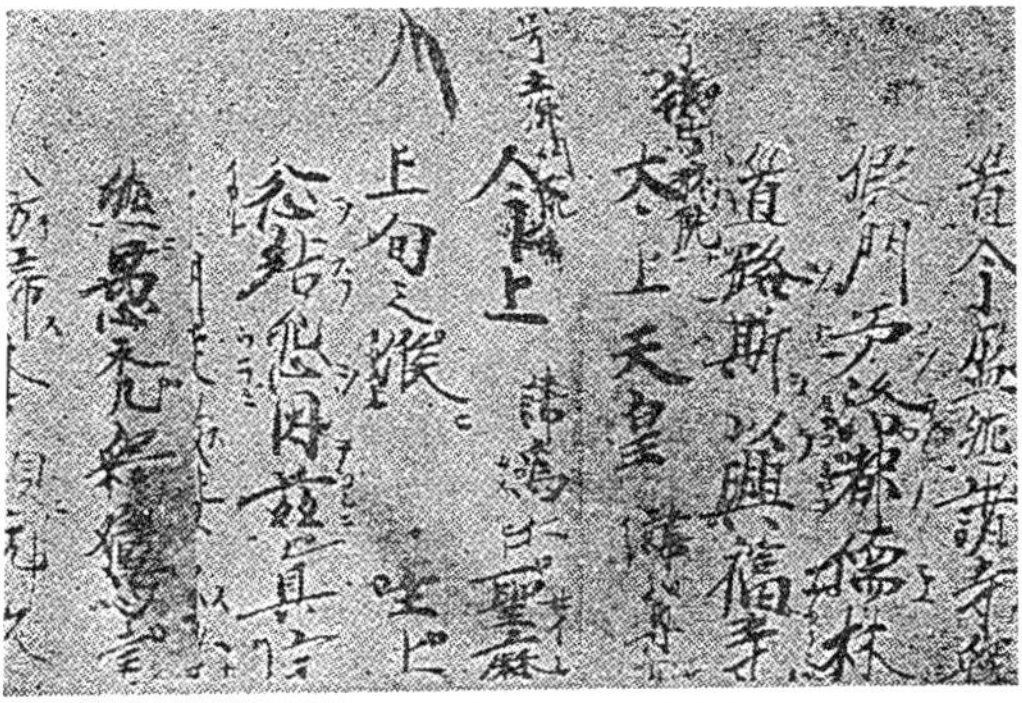
承元の奏状（坂東本）親鸞真筆

く、今の人間に対して何が真実（真）の扉を開き、何が偽り（仮）の扉をかまえているか。そのことを知らないでいる。京都の一般の学者も、どれが正しい行ないかについて迷っている。それゆえ、仏教の正しい道である専修念仏と、あやまった小路《こみち》である古い仏教とを、ハッキリ区別できないのである。こういうわけで、興福寺の学者・僧侶たちは朝廷に奏状（天子に申し上げる文書）をおくった。それは太上《たいじょう》天皇（後鳥羽上皇）と今上《きんじょう》天皇（土御門《つちみかど》天皇）のとき、承元元年二月上旬のことである。天皇と朝廷の貴族たちは法に背《そむ》き、正しい道理（義）に従わず（たがい）、いやしい怒りに心をまかせ正しい専修念仏者にうらみ（怨）をいだいて害を加えた。

そのため、専修念仏の正しい教えを、さかりに導いた方《かた》、法然（源空法師）と弟子たちが、ほんとうに罪があるのか、ないのか、を正しく考えようともしない。そして、不法にも住蓮・安楽たちを死刑にしてしまったのである。そのうえ、法然や弟子たちから僧としての身分を奪い、流罪人としての名まえを与えて、遠流《おんる》（遠い島流し）にした。わたしもそのひとりである。そういうわけだから、もはや、わたしは僧侶でもない。俗人（一般人）でもない。それゆえ、「禿《とく》」という字を、わたしの姓とすることとした。師法然や弟子のわたしたちは、あっちこっちのはしばしの田舎に島流しにされて、五年の苦しい年月を無実の罪の中におくることとなった。」これを見たら玄人《くろうと》の学者は、「後序《こうじょ》の文じゃないか。有名な。」というだろう。そのとおり。『教行信証』の終わりにのっている、自叙伝ふうの文章の最初の部分だ。

承元の奏状をめぐる論争史

しかし、この文章は、明治以来、学者たちの、疑いのまととなってきた。その焦点は、「今上」である。これは「現役《げんえき》の天子」をさすことばだ。ここでは土御門天皇をさして使われている。この天皇は、建久九年より承元四年まで在位した。親鸞でいえば二十六歳より三十八歳までである。ところが五十二歳ころ書かれたとされる『教行信証』の文章で、三代も前の土御門天皇のことを現役の「今上」と呼ぶのはおかしいのである。こうした点から、明治四十三年、『親鸞聖人論』をあらわした長沼賢海は、この部分を親鸞の書いたものではない、と考えた。この文章は後の人間がかってに作って、『教行信証』の終わりに、はめこんだのだ、というのである。後の人間なら、まちがいをするが、親鸞なら、まちがうはずはない、という論法である。

しかし、これは、大正九年の辻善之助の筆跡研究によって否定された。『坂東本』(親鸞真筆の『教行信証』)、ではこの部分も、親鸞の筆跡なのである。

しかし、この点をさらに、ねばりづよく、受けついだのが、喜田貞吉である。法隆寺再建論争で有名な学者だ。かれは、ここでも、かれ持ち前の情熱を遺憾《いかん》なく発揮した。二年間のうちに、この問題について、二十八の大論文・小論文を書きまくった。その題目も「本多君の熱心に動かされて――『教行信証』に関して再び同君の教示に答ふ」といったふうで、そのときの論争の雰囲気《ふんいき》がうかがえる。

喜田の主張はこうだ。長沼の疑いは辻の真筆証明で消滅しはしない。やはり、親鸞が自分で、二十年近い昔の天皇を「今上」というはずはない。だから、『教行信証』全体が、どうしても同一人の筆跡だ、というなら、その『教行信証』全体が、親鸞の真作ではないのではないか。つまり、親鸞自身は、案外、無知・無学な人物で、そのころの食いはぐれ知識人に頼んで、『教行信証』を書いてもらったのではないか。こういう、すさまじい結論に到着したのである。

辻の筆跡鑑定をも恐れず、矛盾をあくまで追いつめてゆくのは、いかにも喜田らしいところだ。法隆寺の場合、建築専門家の非再建説をものともせず、『日本書紀』の法隆寺焼失記事を、正確にとらえて、再建説を主張した。戦後の発掘は、喜田が正しかったことを証明したのである。

しかし『教行信証』の場合、喜田はいっそう孤立していた。辻・本多・中沢をはじめ、宗門内外の学者の袋だたきにあって、喜田は嘲笑され、黙殺された。「真宗を罵倒《ばとう》したり、本願寺を詛《のろ》ったりするのを能事《のうじ》(よいこと)として居《い》る様《よう》な人々とは、真面目《まじめ》に論議する気分には成れず。」喜田の最大の論敵、本多辰次郎のことばは、論争終結時の雰囲気を、ありありと物語っている。昭和になってから、現在まで、学者たちは、この論争を忘れ去っていた。たとえば、昭和三十一年、赤松俊秀も、「親鸞の現在・過去についての表現は、それほど正確でない。」と述べて、長沼・喜田の疑いを消し去っている。

しかし、二人の疑いは死んでいなかった。わたしは、「今上」ということばの使い方について、親鸞以前、以後の各時代にわたって、多くの文献・文書をくわしく調査した。その結果、「現在、現役の天子」という用法しか、このことばにはありえないことが、ハッキリしたのである。この事実を正確に受け入れ、これを論理的におしつめれば、どうなるか。

この問題の文面は、承元四年（親鸞三十八歳）のころ、土御門天皇が現役《えき》の天子だったとき書かれたものだ、ということになるほかない。それは、親鸞が越後に流罪されていた、その末期にあたる。しかも、それはかれが朝廷の外《げ》記庁《きちょう》（詔勅を起草したり、上奏文等を司《つかさど》る役所）に提出した抗議の奏状の一節だったのである。また問題の文面において、「太上《たいじょう》天皇」「今上《きんじょう》」というようなことばについて、「平出《へいしゅつ》」（行をかえて書くこと）、「主上」ということばについて、「闕字《けつじ》」（一、二字分あけること）という、公式文書《もんじょ》の礼式が守られている。このことも右の点からみれば、当然だったわけである。「普通の本の一節としては、この〝平出〟と〝闕字〟は、おかしい。」こういって、喜田は力説した。しかし、今日までの学者は、喜田の主張の根本を、真剣にくみあげようとはしなかったのである。

いまや、真相は明らかになった。いままで「後序」といわれた自叙伝ふうの部分は、㈠承元四〜五年の承元の奏状（親鸞三十八〜九歳）、㈡元仁元年（法然十三回忌《き》）の法然入滅の賛文（親鸞五十二歳）、㈢建仁元年の吉水入室文書（親鸞二十九歳）、㈣選択集書写、肖像画模写の元久二年文書（親鸞三十三歳）という、四つの時点の文書を、そのまま結びつけて構成されていたのである。

今、死者の国において、ひとり喜田は、「コロンブスの卵」(わかってみれば、真理は簡単だというたとえ)ののった食卓を前にしてつぶやいているかもしれぬ。「とんでもない結論に行っちまったが、おれがあそこに疑いをもちつづけたことは、やっぱり正しかったんだな。」と。

承元の奏状の立場

このようにして承元の奏状は、親鸞が流罪中に書いた抗議の文であることがハッキリした。そこで親鸞は何を訴え、何に抗議しているのだろうか。

その第一、今回の弾圧は旧仏教側と専修念仏側との思想対立が原因だ。それゆえ、正しい専修念仏運動をおしつぶそうとして、権力者が行なった思想弾圧である。親鸞はこのような立場を一貫している。したがって、住蓮・安楽が「女犯で風俗をみだした」というような、上皇のいい分は、民衆の目から、ことの真実をおおい隠すためにすぎないもの、として、まったく切り捨てているのである。

その第二、抗議の焦点をキッパリと「住蓮・安楽たちの死刑」においている。その証拠の一つは、「猥《ミダリ》ガワシク死罪ニ坐《ツミ》ス」といっていること。「猥《みだり》がわしく」ということばは、「勝手《かって》・不法にも」という意味だ。そのころの申状(裁判に提出する訴状)において、訴えの焦点をしめすことばなのである。その証拠の二つは、弾圧の日付を仲春上旬(二月上旬)としていることだ。これは、住蓮・安楽が死刑となったとき(二月九日)をさしている。法然や自分たちが流罪となったのは、中・下旬(十八〜二十八日)のことなのである。このようにして、断じて許すことのできない事件は、住蓮・安楽の死刑そのものだ、と主張しているのである。

そのころ、専修念仏集団の中でさえ、「住蓮・安楽の処刑はやむをえない。かれらは過激すぎたのだから。かれらのような過激な弟子のために、先生の法然上人にまで、災《わざわ》いがおよんだのだ。」という考えがあった。しかし親鸞は、そのような考え方をキッパリと拒絶した。もっとも不当なのは住蓮・安楽の処刑だ、とあくまで主張しているのである。

その第三、この奏状の中心は「主上臣下法に背き義に違《い》し、忿《いかり》を成《な》し怨《うらみ》を結ぶ。」という一句にある。ここで親鸞は抗議の対象を「主上・臣下」という天皇と朝廷の貴族たちにおいている。ことは後鳥羽上皇の理不尽な怒りから爆発した。しかし、その責任はあくまで、そのときの「権力体制の全体」にあるのだ。そしてかれらの行為を、善導の「念仏迫害の詩」のことばで描写した。「忿」「怨」という迫害者の心をあらわすことば。それは安楽が死をかけて、権力者たちにつきつけた最後のことばであった。

この文章から、わたしたちは知ることができる。この弾圧に対してとった親鸞の明快な立場を。さらに権力者たちが、燃えあがる目をもった、オオカミのようなこの男(親鸞)をほっておけなかった、その理由をも。

越《えち》後《ご》における親鸞

親鸞は越後の国府《こくふ》に流された。山も川も箱庭のようにやさしい京都に生まれ育った親鸞にとって、ここはきびしい風雨の地と感ぜられたであろう。

越後生まれの親鸞研究者、松野純孝は、つぎのように描いている。

「かれが越後へたどり着いたときは、およそ旧暦三月ごろであろうが、このころは越後ももう暗く閉ざされていた豪雪から解放されて、蕗《ふき》のとうが黒土を割って出る春の歓喜の爆発を経て、若葉も出そろい、やがてむんむんする雑草の草いきれにむせかえるような夏をま近にひかえた晩春の候であったはずである。かれの配流《はいる》された越後の国府は日本海の居多浜に面したところである。一方には日本海、一方には頸城《くびき》平野、一望緑一色の頸城《くびき》平野、平野のかなたに峨々《がが》としてそびえ立つ妙高の峯《みね》に、『未来』に思いを奔《は》せる海のかなた。起伏の多いこのような所に、親鸞は配流《はいる》の身となったのである。……しかし、このような中にモンスーン的自然はその暴威をふるう。みぞれがやってくる、荒れ狂う北海、ほとんど半年にわたる豪雪、たびたび襲《おそ》いくる飢饉《ききん》、生の歓喜を一瞬《いっしゅん》にして吹きとばしてしまう非情な自然。」

さすがに自分の愛する郷土を描く松野の筆は美しい。そのような中で、親鸞はどのような生活をしたのだろうか。

『延喜式《えんぎしき》』は、平安時代の法律集だ。親鸞の時代にも適用されていたとみられている。その中で流罪人の生活を、つぎのよ

新潟県・国府付近

うに定めている。

「およそ国々の流罪人には、身分の上下や男女や大人《おとな》・子どものちがいにかかわらず、一定の食料を与える。ひとり一日につき米一升塩一勺《しょう》《しゃく》、また来年の春まで穀物の種子を与える。一年めの秋がきたら、食料も種子も与えることをやめる。」

つまり、ほぼ最初の一年間だけは米と塩だけやるが、あとは自分で穀物の種を植えて自活しろ、というのである。その種をやるのも秋までだ、といっているのだ。これが、「延喜の聖天子」といわれた醍醐《だいご》天皇のとき出された法律である。

生まれてから生産労働をしたことのない都人《みやこびと》が、どのような恐怖に直面したか。手にとるようにうかがえる文章だ。平常は「太陽のように暖かい御慈悲」をもつと宣伝される天皇たち支配者が、そのうしろにどのように冷酷な顔を隠しているか。わたしたちをゾッとさせるのである。かれらは「暖かい御慈悲の横顔」と「ゾッとさせる冷酷な横顔」とを使い分けることによって、日本の歴史をのりきってきたのだ。

だから、京都そだちの親鸞を鍛えたのは、北海の寒風だけではない。支配者たちの、もっと冷たいむちが、より深くうなる魂、もうこれ以上、何物にも恐れることのできない魂を、親鸞の内部に鍛えあげてくれたのである。

二人の妻

親鸞の妻と子

書いていてもつらい、わたしの心は、ここでやっと、なごやかに筆を進めることができる。親鸞には恵信尼という妻がいた。このことが確実となったのは、大正十年十月、鷲尾教導《わしおきょうどう》によって恵信尼文書が発見されたからである。それは、親鸞の妻恵信尼から娘の覚信尼《かくしんに》（王御前《おうごぜん》）にあてられた約十通の手紙の束である。この間まで親鸞の存在さえあやぶまれていたのに、いまや親鸞の妻の存在までハッキリしたのだ。大きな収穫である。

しかし親鸞の妻についての論争は、ここから本格化した。一人説、二人説、三人説。そのうえ、二人や三人がだれをさすのかも、まちまちだ。妻の数だけではない。七人くらいもいる子どもの、それぞれの母親はだれか。これがまたたいへんだ。学者によってちがう。地下の親鸞は、さぞ苦笑していることだろう。

正直いって、わたしは、これまで、この問題に関心をもたなかった。何人妻がいようが、どの妻から何人子どもが生まれようが、そんなことは、戸籍係でもないわたしには用がない、と思っていた。第一、それはかれの思想と関係がない。そのうえ、ことをハッキリ結着させるには、史料不足だ。だから、みんなかってなことをいっているのだ。そうおもって内心軽蔑《けいべつ》してきたことを告白しよう。

しかし、伝記を書くうえで、これは無視するわけにいかない。そのうえ、親鸞は机の上の学者ではない。体験の中で苦しみぬく思想者（思想家ということばを避けて、こういうことばをつくってみた）だ。「家庭」という問題に、どのようにかれがたち向かいつつ、一生の道を歩いたか。これは、かれの思想をうみだした地盤だ。家庭に対する問題にごまかしがあって、思想だけは純粋だ。こんなわけにゆくはずはない。それが机の上の理論でなく、生きている人間の、真に生きるための思想であれば。このように考えると、親鸞が妻や子の問題にどのようにたち向かってきたか。これを抜きにして、かれの思想の真相はつかめぬ、とさえいってもいい。

しかし、じっさいには解きにくい問題だ。なぜなら、具体的にこれを考える史料が、あまりに少ないからだ。自然、謎《なぞ》解きパズルのようになる。ここはどんな奇抜な説でも、大手をふってまかり通れる世界なのである。わたしは、今、問題を整理し、これを論理的におしつめてみよう。その結果、どんな奇想天外《きそうてんがい》な答えに到着しても驚かないでほしい。

一人妻説は成りたたない

まず、いちばん「きれいな」説は、つぎのようだ。親鸞は吉水時代には独身だった。越後に流され、「俗人」となってから恵信尼と結婚した。その後、彼女との間に六人の子どもをもうけた、と。

恵信尼文書によると、信蓮房という息子が建暦元年（一二一一、親鸞三十九歳）、三月三日、流罪の終わりごろ生まれている。したがって、越後時代にもはや結婚していたことは、だれも疑うことができないのである。

しかし、この「きれいな」一人説は成立しにくい。それは、つぎの三つの理由からだ。

その第一、親鸞には、この信蓮房の前に三人の子どもがいる（範意《はんい》、小黒女房《おぐろのにょうぼう》、善鸞《ぜんらん》）。ことに、あとの二人は、恵信尼文書や親鸞の手紙に出てくるから、その存在は疑えない。

ところが、親鸞が流罪にされたのが承元元年（親鸞三十五歳）である。恵信尼が信蓮房を身ごもったのが承元四年（親鸞三十八歳）である。この三年間に二人の子どもを生もうとすると、どうなるか。歴史家は、かれが流罪になると、すぐ大急ぎで結婚させねばならぬ。そして恵信尼に、俗にいう「年子《としご》」の形で、二人、三人とやつぎばやに、子どもを生みつづけさせなければならないのである。

昭和二十六年に「八海《やかい》事件」というのがあった。もし、警察に容疑をかけられた人々の共同犯行だとすると、かれらは常識では信じられないようなスピードで、行動をさせられてしまう結果になるという。こういう場合は、ことの前提に、どこか無理がふくまれているのである。

その第二、親鸞は自分の著書『教行信証』の中に、賢愚経《けんぐきょう》という経典を引用してつぎのようにいっている。

「末法（釈迦の教、行のすたれる末の世）の世の中では、僧侶が妻をもち、子をもつことは当然である。それなのに、世俗の有力者がこれを〝破戒〟として責めののしるならば、それはたいへんひどい、まちがった仕業《しわざ》だ。それはちょうど仏の身からたくさんの血を流すような、悪逆の仕業なのである。」

これは経典をかりて、現実の、承元の弾圧を批判したことばだとおもわれる。とすると、吉水時代の親鸞はもはや妻子をもっていたこととなる。少なくとも「現代では僧侶が妻子をもつことは当然だ」と親鸞は考えている。そういう親鸞に対し、「吉水時代は俗人ではなかったのだから、妻子などなかったはずだ」など と、歴史家が強引に独身をおしつけてはならない。

その第三、親鸞の晩年の手紙の中で、有名な善鸞義絶状《ぎぜつじょう》というのがある。親鸞が子どもの善鸞に対し、父子関係を断《た》つことを宣言したのである。この事件については、あとでくわしく述べる。今必要なのは、善鸞が自分の手紙の中で、「ままはのあまに言いまどわされた」といっている、ということを親鸞が書いていることである。

この「ままはは」という一語は決定的だ。一人説を一挙に吹きとばしてしまう威力をもつ。この親鸞の手紙を偽作だ、という説も出たが、平松令三の論証で、真作であることは疑えなくなった。また善鸞は、実はほんとうの母である恵信尼を、わざといつわって、「ままはは」だ、と人にいいふらしたのだ、という解釈も出た。こうなると、わたしたちは、まるでキツネにつままれたような顔をするほかないであろう。しかし、率直に考えれば、「ままはは」の一語からしても、親鸞が少なくとも二人の妻をもったことは、疑えない。そして「ままははの尼」と、親鸞晩年現在の時点で呼ばれうるのは、恵信尼であろう。こういう自然の理解からすると、「善鸞の生みの母親は、恵信尼ではない」という結論へみちびかれる。

親鸞の子どもと、その母

ここで、わたしは親鸞の系図をしらべてみた。おもなものは、大きく分けて二つの系統があった（次ページ系図参照）。

この二つをくらべてみよう。つぎの点がすぐ目につく。

㈠　二つとも、子どもが七人いる。

㈡　七人のうち、ひとりだけ、母がちがう。関白兼実《かんぱくかねざね》の女《むすめ》だ。

㈢　他の六人の母は、Aの場合、恵信尼（三善為教の女）と書いてある。Bは特に書かれていないが、恵信尼だろう。覚如の『口伝鈔』に、「恵信御房《えしんのごぼう》男女六人の君達《きんだち》の後母儀《おんははのぎ》」とあるからだ。

だからAとBのちがいは、「関白兼実の女」というのが、第一子の母か、第三子の母か、という点だ。これは、どちらが原形だろうか。

この場合、ちょっと考えたら、当然Aのほうが自然だ、とおもうだろう。なぜなら、Aの場合は第一子の母と、第二〜七子の母という形にまとまっている。

これに対して、Bのほうは変だ。第一、二、四、五、六、七子の母と、第三子の母という分かれ方だ。一見、とっても不自然だ。

しかし、もっとよく考えてみよう。もし原形がAだったら、だれがBのような不自然な形に書き直すだろう。ことに善鸞が親鸞の教えに背き、義絶されたことはよく知られた事実だ(『御消息集』、『血脈文集』)。こんな人物をことさら、貴族の母で美化する必要がどこにあろう。

A〈古本《こほん》本願寺系図〉

範宴
- 範意　遁世　印信
  母　後法性寺摂政太相国兼実女
- 女子　号　小黒女房
  母　兵部大甫三善為教女
- 善鸞　遁世　慈信房
- 明信　号　栗沢信蓮房
- 有房　号　益方大夫入道
- 女子　号　高野禅尼
- 女子　号　右兵衛督局
  出家　法名　覚信
  母同

B〈明暦本《めいれきぼん》本願寺系図〉

範宴
- 印信　寺　大弐　遁世
- 女　号　小黒女房
- 善鸞　慈信房　宮内卿
  母　月輪関白女　号　善変
- 明信　号　栗沢信蓮房
  従五位大夫　出家
- 道性　号　益方大夫入道
- 女　号　高野禅尼
- 女　日野左衛門佐広綱室
  出家　法名　覚信　弥女

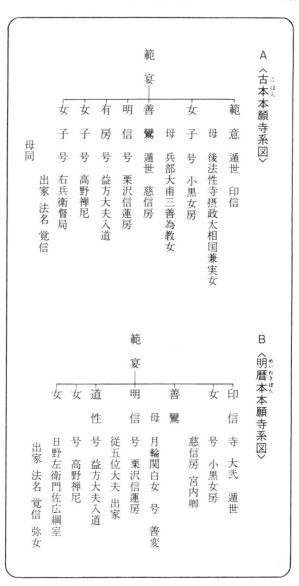

これに対し、もしBのほうが原形だったら、これをAの形に書き直すのは、ありやすいことだ。だから、〈A→B〉の書き変えより〈B→A〉の書き変えのほうが、ずっと自然なのだ。これは、別の強い証拠でかためられる。

それは、「善鸞義絶状」だ。それによると、善鸞は恵信尼を「ままはは」と呼んでいた。善鸞の母は恵信尼ではなかったのである。この事実とBの系図は、ピッタリ一致しているのである。Bの系図を作った人が「善鸞義絶状」を見て、それに合わせたのだ、と人はいうだろうか。そうはいかない。なぜなら、「善鸞義絶状」は高田専修寺の宝庫に伝わってきた。それが知られたのは最近のことだからである。

江戸時代、本願寺系の明暦本系図の作者などの、夢にも見知らぬ文書なのだ。このように、全然ちがう系統の史料がピッタリ合致した場合、それは真実と認めねばならない。

学者の中には、つぎのような論拠から、関白兼実に親鸞と結婚した娘のあったことを否定する人がある。『尊卑分脈《そんぴぶんみやく》』の中に、兼実に十人の子どもがいるが、その中で女はひとり（任子《にんし》・宜秋門《ぎしゆうもん》院《いん》）だけだ、というのである。この任子は後鳥羽院の后《きさき》となった。

しかし、これは根拠のない説だ。『尊卑分脈』の史料批判を全然していないからだ。この本では藤原氏全体の系図の中に、一一六三人の名まえがのせられている。その中で女子は一六一人だ。一割二分だ。兼実の属した九条家でも、全一二五人中、女子はたった十七人、一割四分だ（兼実の兄弟、四人《僧侶、女子以外》のもった子は、男三七人、女八人で女は一割八分だ。兼実の孫は男十三人、女二人で、女は一割三分）。このような数字は何をしめすか。これだけ大量の数字で、つねに男女の比率がこんなはずはない。いくら男の多い家でも。だから答えは簡単だ。女は大量に系図からカットされている、ということだ。むしろ記載されている女子のほうが特別なのだ。だから、このような系図をもとにして、兼実の娘は任子（宜秋門院）ひとりだった、というのは、暴論以外の何物でもない。

同時に二人の妻

このようにして、わたしが到達したのは、つぎのような意外な事実だ。親鸞は吉水時代に二人の妻を同時にもった。はじめに恵信尼。印信《いんしん》と小黒女房《おぐろのにょうぼう》の一男一女をもうけた。ついで関白兼実の女、善変《ぜんぺん》。善鸞をもうけた。その直後、承元の弾圧となったのである。これは、あまりにも現代人の常識に反するだろう。親鸞が「結婚生活」を人間の自然の姿とした、ということには喝采《かっさい》をおくる現代人も、「同時に二人の妻」というのでは、眉をひそめるだろう。

しかし、鎌倉初期の風俗、婚姻制度を知る人には、これは不思議でも何でもない。笠原一男は、つぎのようにいっている。

「当時の男女間の倫理《りんり》は、事実上の妻が何人あろうとて、そのことは非難さるべきことではなかった。天皇、上皇《じょうこう》、摂政関白《せっしょうかんぱく》をはじめとする公家《くげ》はもちろん、武士でも将軍をはじめ守護《しゅご》・地頭《じとう》まで、事実上何人もの妻をもつのが常識の世の中であった。男女間の倫理には今日には今日の倫理があり、鎌倉時代には鎌倉時代のそれがあったのである。今日の尺度をもって鎌倉時代をはかることはまちがいといえよう。」

もちろん笠原は、今わたしの到着したような、意想外な考えをもっていたわけではない。京都にのこしてきた妻があり、越後で恵信尼と結婚した、というのである。

しかし、笠原の説く理路をおしつめればわかるように、親鸞が吉水時代に同時に二人の妻をもっていたとしても、この時代においては、けっして不思議なことではなかったのである。

じっさいにも、有名な『更級《さらしな》日記』の場合がそうだ。著者は父に連れられて東国の任地へゆくのだが、そのとき「ままはは」といっしょだったのである。ところが著者を生んだ実の母もちゃんと生きていて、京都にとどまっているのである。これは親鸞と同時代だ。親鸞の娘の場合もそうだ。末娘の覚信尼は、先の「明暦本本願寺系図」では「日野左衛門佐広綱室《さえもんのすけひろつなのしつ》」となっているが、これは『尊卑分脈』では「妾《めかけ》」とされている。

しかし、この場合も、江戸時代の金持ちの御隠居《ごいんきょ》さんが「妾」をもったときのように考えてはならない。そのころの婚姻制度にしたがって、日野広綱は、何人かの妻をもっていた。それを後世の社会通念上、より高い身分の出身の妻が「正妻」とされ、他は「妾」とされたのである。

こうしてみると、わたしたちが現代人の好みによって、親鸞に「一人妻」をおしつけるいわれも、また、まったくないといわねばならないのである。

問題をまとめてみよう。

親鸞は吉水時代二人の妻をもっていた。ひとりは恵信尼であり、ひとりは関白兼実の女、善変であった。

それぞれ、一男一女（印信、小黒女房）とひとりの男子（善鸞）を生んだ。

そのような親鸞に対して、承元の弾圧は下ったのである。恵信尼は、やがて越後の親鸞を追うて下り、流罪の末のころ、彼女にとって二番めの男子を生んだ。それが明信（信蓮房）である。

わたしは、このように、わたし自身にも意想外の形で、親鸞の妻と子の問題のこのような帰結へと、いわば論理的に、みちびかれたのである。

■師を失った孤独の中で

（親鸞真筆）

東国親鸞集団の誕生

法然の死と東国への旅

建暦元年（一二一一、三十九歳）流罪を許された親鸞は、恵信尼や明信（信蓮房）たちとともに関東へ向かった。

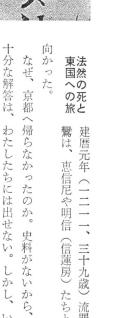

なぜ、京都へ帰らなかったのか。史料がないから、これに対する十分な解答は、わたしたちには出せない。しかし、いちばん大事なことはいえる。

親鸞の心の人、法然が死んだことだ。法然が流されて讃岐《さぬき》に行ったことは、先に述べた。だが、その年の内の十二月（八月とも伝えられる）には、もう許された。しかし、なお、京都に帰ることは許されず、摂津《せっつ》の勝尾寺（現在の大阪府箕《みの》面《お》市）にとどまっていたという。法然が民衆に対してもっている絶大な人気。だから支配者は、いつまでも四国に流しっぱなしにしておくわけにはいかなかったのだ。しかし、また同じ理由で都の中に帰ってくることも、支配者はおそれて許さなかったのである。そして、やっと完全な赦免《しゃめん》（流罪を許されること）を得たのが、建暦元年十一月十七日。それから二か月あまり後の一月二十五日、法然はついに永遠に帰らざる人となったのである。

親鸞がこの事実を知ったときのなげきを、『正統伝《しょうとうでん》』はつぎのように描写している。

「上野国《こうずけのくに》（現在の群馬県）の四辻《よつつじ》という所にいたって、法然（空師《くうし》）は正月上旬より身体の具合《ぐあい》が悪く、同二十五日亡《なく》なられたことを親鸞は確かにお聞きになり、いままで鉄石のようだった御心も、たちまちに弱く悶絶《もんぜつ》し、胸痛み、道の辻に倒れ伏して、血のような涙をお流しになった。」

もちろん、この記事が史実か否かわたしたちは確かめる方法をもたぬ。しかし、親鸞が腸《はらわた》を裂かれるような悲しみに苦悶し、心に絶叫《ぜっきょう》し通したことは一点の疑いもない。かれは、自己の魂が地上からとび去った音を聞いたのである。この事実が、親鸞に京都に帰る熱意を失わせた最大の理由であることは動かせない。

なぜ東国へ

しかし、なぜ、新しい土地として東国がえらばれたか。この理由について、いままでいろいろな説明が与えられた。

古くは覚如が『伝絵』で述べた理由だ。親鸞の例の「女犯の夢告」について、この詩句の心を、「東方の高い山にいる数千万億の群集に説き聞かせた」という話を書いている。しかし、親鸞の弟子真仏の書写した文章には、「東方」ということばはない。だから覚如が手心を加えて、この一句をつけ加えたのではないかとみられる。親鸞が東国へ行って民衆の中に生きたことを、「夢告」によって理由づけしようとしたのである。

新しくは、服部之総《はっとりゆきふさ》が提出したイメージがある。

「(恵信尼が)親鸞と結婚して常陸に移ったのも、常陸がそのころ越後からの移住農民で開拓《たく》されつつあったからだろうと考えている。その常陸の越後農民は下人《げにん》から解放されたばかりの新百姓であるか、あるいは早晩解放される運命にある下人《げにん》たちとその所有者たる農民から成ってゐたと思われる。その所有者たる農民にしたところで、故郷越後でりっぱな土豪たる者ではなかったであろう。」

豊かな想像力をもつ服部らしく、壮大なイメージである。

しかし、そのような移住のルートがあったことは、鎌倉初期の事実としては証明されていない。これが服部の場合の難点である。服部の提案を尊重しながらも、わたしたちは親鸞が東国へ向かったことについて、「未開拓の新天地へ向かった」という印象をもちすぎてはならぬであろう。なぜなら、先にあげた興福寺の奏状で、専修念仏が北陸・東海にひどい勢いでひろがっている。その勢いは、京都近辺以上だ、と書かれているからである。法然自身も、源頼朝の妻、政子と手紙を往復している。熊谷直実《くまがいなおざね》といった関東武士も、法然の有力な弟子となっていた。

このようにしてみると、京都のように旧仏教のお膝下《ひざもと》ではなく、率直簡明な精神をもった新興武士団の支配する東国。その地は、専修念仏運動のよき温床となっていた、とおもわれる。

だから『正統伝』に、常陸《ひたち》国小島郡司《ぐんじ》武弘《たけひろ》が親鸞を招こうとした。その意を受けて、性信《しょうしん》(後に親鸞集団の中心人物となった人物)が越後にまで出向いて、親鸞にすすめたのだ、と書いているのも、むげに否定できぬものをもっている。少なくとも、東国には法然の弟子のひとりをむかえ入れようとする、精神的な地盤が存在していたのである。

このことは新しい東国親鸞集団の誕生と発展にとって、大きな母体となっていた。しかし、その反面、古いもの(親鸞以前からの念仏信仰)と新しいもの(親鸞独自の信仰の立場)との混合という、複雑な性格を親鸞集団に与えたものとおもわれる。

これが、親鸞集団の将来の運命に、どのような影響を与えたか。わたしたちは、やがて知ることとなろう。(『血脈文集』参照)

何をめざして

親鸞は東国へ行くとき、どのような気持ちをもって、向かったのだろうか。それを知る史料を、わたしたちはもっている。恵信尼文書である。

建保二年、親鸞四十二歳のときである。流罪を許されて三年め、越後で生まれた明信（信蓮房）は、四つになっていた。親鸞と恵信尼は、東国上野国の佐貫《さぬき》という土地に来ていた。親鸞はそのころ、専修念仏にとって根本経典である三部経を、千回よもうとしていた。三部経とは大無量寿経《だいむりょうじゅきょう》・観無量寿経《かんむりょうじゅきょう》・阿弥陀経《あみだきょう》の三つである。これは「衆生利益《しゅじょうりやく》」、つまり多くの人々を救済するためだ、と親鸞はおもっていた。経典を何回もよむことで多くの人々が救われる。つまり、経典をおまじないのようにみなす、このような迷信めいた考え方は、いわば、そのころの常識だった。親鸞もまた、時代の常識の中にいたのである。

しかし親鸞は、その「千回よむ」という行の途中で、内心の声を聞いた。

「これは、いったい何だ。たった一つ肝心なことは、自分で深い信仰をもち、その信仰を多くの人々にすすめることだけだ。それだけが、わたしたちを救済しようとするミダの願いにこたえ、その恩に報いる道だ。だったら、〝念仏だけ〟でいい。これがわたしたち専修念仏者のただ一つの柱だったはずじゃないか。それを何の不足があって、わたしはそれ以外に〝必ず経典をよもう〟などとおもっているのか。」

この声を聞いた親鸞は、ただちに、やりかけていた「千回よむ」という行をやめてしまった、というのである。わたしたちは、この話から二つのことを知ることができる。

その第一、親鸞が越後から東国へ向かうとき、「多くの人々の救済のために」という、強い使命観をもっていたことである。この新興の国々の中で、自分のいのちを、燃やしつくそうとしていたのである。

その第二、「専修念仏」という思想のもつ意味を、徹底し、純化しようという、絶えざる探究が親鸞の心の中につづいていたことである。「経典を千回よむ」そういった行為は、そのころの民衆には、なじみ深く受け入れやすいものだった。それを行なう僧侶たちは、容易に尊敬されたのである。しかし親鸞は、それをも投げ捨てた。思想の徹底のために。そして、「わたしのもっているものは信仰だけだ。」という、文字どおりの素手《すで》の姿で、民衆の中に飛びこもうとしたのである。

この話の中には、体験の中で考え、考える中で行為するという、かれの個性。さらに、それはすべて、多くの人々のためだという、かれのものの考え方が、かなりくっきりと出ているのである。

このようにかれは東国を転々としたあげく、ながい住居をさだめたのが常陸国笠間郷稲田《ごおりいなだ》である。ここは、やがて親鸞生涯の著作『教行信証』の草稿が書きすすめられた場所であった。ここは、やがて親鸞の生《なま》の声を後世に伝えた、『歎異抄』の著者河和田《かわわだ》の唯円《ゆいえん》の故国であった。専修念仏運動、親鸞集団の中からうまれたこれらの名著。わたしたちの魂に触れる、この二冊の本のうち、まず『教行信証』について、つぎの章に述べよう。

常陸国（茨城県）・稲田

生きている住蓮・安楽の書

――生涯の著述『教行信証』――

『教行信証』はなぜつくられたか

『教行信証』は、真宗の、権威ある根本経典とされている。宗《しゅう》門学者が、たくさんの注釈書を書いてきた。しかし、わたしにとって、この本は、かれらとはまったく別な光の中に見えている。親鸞が自分の一生をかけて、何をたたかいとろうとしたか。死におびやかされてもいい。それでも訴えようとしたものは何か。その生涯のたたかいを証明しようとした本として、わたしにはみえている。このような見方から、徹底して、実証的にこの本をしらべぬいてゆくと、これまでの「宗門の経典」としての評価とは、まったくちがった姿が浮かび上がってきた。それは、かれの生きた苦闘を一つ一つ裏づけていたのである。

かれは、なぜ、この本を書かねばならなかったか。それは、最後の「後序《こうじょ》」と呼ばれる文章がしめしている。前に述べたように、この部分は、若いころから書かれた四つの文書をふくんでいる。

㈠ 承元の奏状――承元四～五年――三十八～九歳

㈡　法然追悼《ついとう》の文――元仁元年――五十二歳

㈢　吉水入室の文――建仁元年――二十九歳

㈣　選択書写・肖像画模写の文――元久二年――三十三歳

右について注目されるのは、時間の順序が、さかさに置きかえられていることだ。㈢→㈣→㈠→㈡が年代順なのである。これは倒置法だ。㈠㈡を強調しているのである。

不法な承元の弾圧。その赦免《しゃめん》日もなきころ死んだ法然。この世で、生きてふたたび師と相見ることができなかったかれの悲嘆。その七転八倒の傷ついた心が、この本の出発点に横たわっていることは、疑いない。

生きている住蓮・安楽

この点をもっと掘り下げてみよう。まず、「承元の奏状」。これが先頭に突き出ている。もっとも強調されているのだ。三十代末、流罪の日に、権力者に投げつけたはげしいことば。それを、そのまま『教行信証』の中にとり入れ、「後序」の先頭に強調する。あとで述べるように、五十二歳ころ書かれて後、九十歳で死ぬまで添削《てんさく》の手をやめなかった、文字どおりのライフ・ワーク（生涯の著作）の中で、この事実はいささかも変えられていない。これは、なぜだろう。

すなわち、この「奏状」のテーマは、親鸞の一生を流れる、〝いちばん根本の基調〟となっていたのである。体制的な、古いあやまった仏教と、新しい真理、専修念仏の教えとの対立。その意味を知らぬ権力者の理不尽《りふじん》(りくつにあわぬ)ないいがかり。同志、住蓮・安楽の死刑。これこそ永遠に忘れ得ぬ怒りの日だ。ついで師法然と自分たち弟子への流刑。なつかしい吉水集団の解散。このような記述の中心をなす、「主上・臣下背《ソムキ》レ法《ニ》違《シ》レ義《ニ》、成《シ》レ忿《ヲ》結《スフ》レ怨《ヲ》」((主《しゅ》上《じょう》臣下、法に背《そむ》き、義に違《い》し、忿《いかり》を成し、怨《うらみ》を結ぶ)のことばは、親鸞一生の思想の背骨となっていたのである。

わたしたちは、明治以後、こんな「伝説」を聞かされてきた。人間が鋭い問いを純粋に発する。そういう姿勢をもてるのは、若いころの話だ。中年になって、社会生活や家庭生活に責任をもつこころになってくると、そうはいかない。まして老年になると、若いころの純粋さは、青くさく見えてしようがない。人間とはそういうものだ、と。これは、一見、人間の生理にもとづいた「真理」であるかのように語られる。しかし、必ずしも、そうでないことは、たとえば、老年のソクラテスがどのような非妥協性をつらぬいたか。それを考えてみても、すぐわかるだろう。真相はこうだ。明治以後の体制の中で、青年は外来の急進思想に感激し、それを叫ぶ。ところが、そのような「近代人」を体制は要求している。したがって、やがて居心地のわるくない位置を与えられる。近代ふうな家庭とインテリらしい職業。そういう安楽椅子《いす》の上で、かれの「内部」がくさりはじめるのだ。

しかし、鎌倉の体制と、親鸞の位置はちがっていた。朝廷貴族に代表される古代権力に、対抗する勢力として独立しはじめた地方武士団。かれらは、源頼朝を「帽子《ぼうし》」として、権力をにぎると、変質しはじめる。ことに承久の変(承久三年、一二二一、親鸞四十九歳)によって、自分たちが時代の主導権を完全ににぎると、逆に古い勢力（朝廷の貴族）と手をにぎりはじめた。そして自分たちの真の支持者であった農民たちに対し、むちの統制を向けはじめたのである。そのため、農民たちを中心として、その強い精神的支柱となっていた専修念仏運動が、おそるべき敵とみえはじめた。元仁、嘉禄、建長と、親鸞の五十代から七十代にかけての、相つぐ念仏禁圧の動きは、そういう支配者の恐怖を物語っていたのである。

こういう中で親鸞は、東国の農民や商人、下級武士たちの運命と自己とを、あまりにも深く結合させていた。それゆえ、体制側に自《みず》らを逃避させる道をもたなかったのである。

これが親鸞に「承元の奏状」のテーマを、生涯もちつづけさせた真の理由であった。天皇は代わり、朝廷と貴族は政治の主舞台から離れる。支配者たちは、昨日の弾圧には口をぬぐっている。一見、忘れた顔をしている。しかし親鸞は忘れない。なぜ、わたしたちは弾圧されたのか。わたしたちが、まちがっていたのか。いや、かれらが、まちがっていたのだ。では、なぜ、まちがった者が正しい者を苦しませるようなことが起きたのか。この世の人々の救済を、永遠の昔から見透《みとお》しているはずのミダの前で、なぜ、このような不当なことが起こりえるのか。

このように、親鸞は問うて、問いぬくのである。ことに、弾圧の中で、いのちをすりへらし、むなしく死んでいった法然。

「先生、このことの意味は、いったい、何なのですか？」亡師孤独の中で、親鸞は問いつづける。

住蓮・安楽は殺された。しかし親鸞は「なお生きている住蓮・安楽」として、生きた。そして、この問いに生涯を賭《か》けたのである。したがって、わたしたちは『教行信証』を、何よりも「生きている住蓮・安楽の書」と見る視点を、『教行信証』理解の根本にすえねばならぬ。

親鸞という名まえの意味

このような親鸞の生涯の志《こころざし》は、かれの名まえの中に刻みこまれている。かれが「愚禿《ぐとく》親鸞」という名まえを名乗りはじめたのは、流罪中のことだ。これは弟子の唯円の書いた、『歎異抄』の終わりの流罪の記録や、中心の弟子性信《しょうしん》の編集した『親鸞聖人血脈文集』の中に、しるされている。「禿《とく》」の字については先に述べた。「破戒僧」のことであり、それが末法の当然の姿である。したがって、支配者がこれを処罰するのは、たいへんな悪逆の行為だ。そういう主張をふくんでいるのだから、このことばは、単なるけんそんでは、けっしてないのである。

「親鸞」の場合も同じだ。「天親《てんじん》」と「曇鸞《どんらん》」という中国で念仏をすすめた人々の名まえからとったのである。その曇鸞について、親鸞はつぎのように書いている。

「中国の、梁《りょう》の国の天子だった蕭《そう》王は、いつでも、北の方、曇鸞のいる方に向かって、〝鸞菩薩〟といって、礼拝した。」

親鸞は、晩年の和讃にも同じことを書き、書物（『浄土論註』）を写したあとの奥書や小冊子《しょうさつし》にも、同じ文を書いた。かれにとって、「曇鸞」の名は、このイメージと、離ちがたく結合していたのである。

ところが、日本の天子はどうか。中国での曇鸞の仕事を日本で行なった人、「専修念仏」として、これをさらに深めた人、その法然に対して何をしたか。ほしいままに法に背き、正義に反して、流刑・死刑の悪逆を行なったのである。

流罪のまっただなかの親鸞が、その「曇鸞」の名まえをもって、自分の名まえを構成したとき、かれの心をみたしていたものは何か。日本の天子たちの非道への怒りと、抗議にほかならなかったのである。

かれが流罪赦免後、九十歳の死にいたるまで、「親鸞」という名を変えなかった、その心は何か。それは『教行信証』の「後序《こうじょ》」の先頭に「承元の奏状」を突き出させ、これを終生変えなかった心である。

わたしは、「親鸞」という名を見るたびに、この名に刻みこまれた、「生涯の志《こころざし》」を思わないわけにはいかないのである。

体験と歴史の論理

——三願転入の告白——

三願転入の論理

『教行信証』は六巻から成っている。「教」「行」「信」「証」「真仏土」「化身土」だ。このうち「教・行・証」という形は、そのころまでの仏教書として常識的な体裁《ていさい》だった。親鸞の場合、「信」の巻をもうけたのが第一の特色である。ここに特別の序文までつけている。「如来よりたまはりたる信心」を強調する親鸞として、当然だろう。第二の特色は、「真仏土」と「化身土」だ。この二つの対比は、先の「正しい専修念仏」と「古い体制的な仏教」との対比をさながら反映し、理論化しているのである。この最後の「化身土」の巻の中に、有名な「三願転入」の文があらわれている。『教行信証』の大部分は、経典からの引用文によって、自己のいいたいことを構成している。しかし、ここは底深いリズムで、親鸞自身の声が流れているのである。

「このため、わたし(愚禿釈《ぐとくしやく》の鸞《らん》)は、天親《てんじん》の解釈を仰《あお》ぎ、善導《ぜんどう》のすすめにより、いつわりの善行主義、古い仏教のさとりの立場を、永久に離れた。自力の専修念仏の立場にはいり(回入《えにゆう》)、もっぱらミダの浄土のみをねがう心を発した。しかるに、今、ことに、その自力念仏の立場をさらに脱出し、絶対他力の信心にはいった（転入）。すみやかに自力念仏の立場を離れて、絶対他力による救済にあずかりつくそうとおもう。専修念仏の門にはいれば、絶対他力へみちびこう、というミダの誓いは、ほんとうに理由のあることだったのだ。」

要するに、「わたしの心の歴史は、三つの段階を通ってきた。」とかれはいっているのだ。

その第一。「造像起塔《ぞうぞうきとう》」というような、金と暇《ひま》のかかる善行主義の立場だ。貧乏人に縁のない宗教として、法然の排斥した古い仏教だ。かれ自身、比叡山で、この公認コースにいたことを回顧しているのである。第一の境地は、こういう自力の雑行《ぞうぎょう》主義（さまざまの善行を積みかさねて、その御利益《ごりやく》を期待する思想）の立場である。

その第二。ついに、そのコースと永久に決別するときがきた。二十九歳のときである。法然の吉水集団にはいり、専修念仏の門を通った。それは、まさに決定的な瞬間だったのだ。しかし、それによって、かれはただちに、純一の信仰の立場に到達できただろうか。「いや、そうではなかった。」とかれはいうのである。せっかく法然によって絶対他力の信仰をしめされながら、それを「自分の能力でつかみとった」という、うぬぼれをわたしは依然としてもっていたのだ、と告白しているのである。それは比叡山時代以前より、つちかわれたうぬぼれだった。人々の能力の高低《たかひく》によって、さとりの高低が決まる、という考え、つまり〝知識〟が人間を差別するという考えを吹きこまれてきたからである。第二の境地は、こういう自力の専修念仏

(専修念仏にはいりながら、なお、自力主義にたつ段階)の立場である。

その第三。けれども、「ミダの化身《けしん》」である、法然によってしめされた専修念仏の教えは、やがてそれをのりこえる種を用意していた。承元の弾圧の後、東国で亡師孤独の苦闘をつづけてゆくうち、だんだんとそれは明らかとなってきた。山中で奥深い霧が晴れて、太陽のかがやくのを見るように、法然の教えの真意、絶対他力の信仰が自分の心のすみずみまであかあかと、光を放ってくるのを見たのである。第三の境地は、こういう金剛信心《こんごうしんじん》(かたく、ゆるがぬ信仰)の立場である。

親鸞は、このような、自分の心の歴史をふりかえって、「三願転入」として告白したのである。

「今」を求めて

しかし、現在、宗門内の人たちと親鸞研究者の大多数は、「三願転入」の文を、このようには理解しないのである。第一と第二の立場を比叡山時代の心境とし、吉水入室によって、一挙に絶対他力の純一な信仰にはいったというのだ。江戸時代の「宗学《しゅうがく》」(真宗教団の教学)によって作られた、この考えが現代でも宗門内外の学者や知識人をしばりつけているのである。

だから、わたしたちは、問題を実証的におしつめてみよう。問題を解く鍵は、第三の立場にはいるときに使われている「今」ということばだ(先の文中に傍点をうっておいた)。親鸞がこの文章を書いたのは、元仁《げんにん》元年、五十二歳のころだ。『教行信証』が書かれた時期については、あらためてくわしく述べる。しかし、少なくとも、この文章を吉水入室のときに、二十九歳のかれが書いた、などと主張する人はだれひとりいない。

吉水入室より二十年くらいも後に書かれた文章だ、ということには争いがないのである。とすると、どういうことになるだろう。これまでの「定説」のように考えるためには、五十二歳ごろのかれが二十年も前の、吉水入室のときのことを「今」といっていることになる。この矛盾について、宗門の学者たちは、「宗教家にとって、信仰にはいってからあとは、いつでも〝今〟なのだ。〝永遠の今〟とはこのことだ。」などと講釈するのである。

それでは、事実で確かめてみよう。わたしはたくさんの文書や文献にとりくんだ。そこに「今、今、今……」。「今」という文字を、ことばを、際限もなく追いつづけた。しかし、そのおびただしい用例のすべて、「今」とは、何の疑いもなく、「現在」のことだった。その文章を書いているときの「現在」、そのことばをいっているときの「現在」。それ以外の「今」は、ついにどこにも発見できなかったのである。

この点、宗教家でも同じだった。親鸞とほぼ同時代の道元の場合もそうだ。かれの代表作『正法眼蔵』をしらべると、かれのことを「今の思想家」といいたくなるほど、「今」ということばを、たくさん使っている。全部で四九五個もあった。しかし、その全部が、文字どおりの「現在」のことなのである。具体的な「今」の行為、生活にうちこむ人間の姿。それが、実は永遠の意義を帯びているのだ。この当然の道理を、道元は、くりかえしくりかえし説きたり、説き去って、あきることがないのである。

親鸞の場合もそうだ。手紙全部の中で、二十二個。和文著述の中で十九個。漢文著述(『教行信証』をのぞく)の中で七個。和讃の中で十個。『教行信証』の中に一二七個の「今」が使われている。そのすべてを一つ一つ確かめていったところ、その全部が「現在」のことなのである。もちろん、その「今」がどれぐらいの長さの時間をさしているかは、まちまちだ。「末法」にはいってからの、六百年以上の年月をふくむことも、できるのである。しかし、それもズバリ「現在」を起点(中心点)にしてのことである。二十年前の、過去のある年を起点にした「今」などという用法は、親鸞以前にも親鸞以後にも、親鸞自身にも、まったくないのである。

わたしは気の遠くなるような大量の「今」の探索の結果、「今とは現在のことである。」という単純明快な真理に到達した。わたしが疲れたあまり、多少いまいましい気持ちになったとしても、きみたちは同情してくれるだろうか。

そのうえ、「三願転入」の文に出てくる第一転回点のとき使われた「回入《えにゅう》」と、第二転回点のとき使われた「転入」ということばも、同じ結論をしめしていた。親鸞の用例で、「回入」は「回心《えしん》」と同じケースに使われている。ところが、この「回心」とは、比叡山では最澄《さいちょう》以来の用語として、古くあやまった教えを捨て、正しい仏教の教団にはいることをしめす術語(きまったことば)なのである。だから親鸞が、吉水集団の専修念仏の正しい教えにはいることについて、このことばを使っているのは、まったく歴史的用例とかれ自身の用例に合っているのである。これに対し「転入」ということばについては、かれはつぎのように書いている。

「だれがおしえなくても、自然に正しい真理の門の中に、転入するのだ。」(浄土和讃)

つまり「転入」の場合は、何年何月何日という日付はない。専修念仏の扉にはいった後、自然自然と絶対他力の光の中にはいってゆく、といっているのである。

このようにしてみると、第一の転回点こそ吉水入室である、というわたしの理解は、疑いもなく明らかなのである。

宗《しゅう》学の誤りの深い根

では、どうして、こんなひどいことになったのだろう。宗門内外の学者や知識人は、どうして、こんなひどい矛盾に気づかなかったのだろう。「今って？――そりゃ、今のことよ。」山なす文献をしらべあげなくても、これは三つの子どもが無邪気にいってのけることばではないか。

その原因は、このあやまりをうみだした本願寺教団の教義にある。親鸞のころとはちがった立場に、室《むろ》町時代から江戸時代にかけての本願寺教団は立っていた。戦国時代のはげしい一向《こう》一揆《き》の敗北のあと、豊臣《とよとみ》や徳川の権力者と妥協して、その保護のもとに信徒を拡大した本願寺教団。その教団の坊主たちは、「本願寺教団にはいり、法主《ほっす》様に忠誠をちかいさえすれば、一挙に、他力の信心をいただける」と宣伝しなければならなかったのである。

そのような必要が教義をうんだ。『教行信証』への〃模範的な〃解釈をうんだ。それが、背いてならぬ「宗学」として、かたく固定化されていったのである。それに反する異義者は容赦《ようしゃ》なく残酷な処罰を受けた。

そのような「他力信心」。権力と権威ある者に従順な心をつくる宗教。それこそマルクスが、ズバリいいあてた「民衆を眠りこますアヘン」だったのである。

親鸞の場合は、ちがっていた。かれの時代、専修念仏運動は、深い意味において、反逆者の精神だった。

古い仏教と体制の圧迫から、人間の自由な精神を、かがやかしく解き放つ役割をになっていた。このような時代、重大な決意で新しい集団にはいったところで、すべてがうまく決着するわけではなかった。かえって、いろいろの圧迫が、家族や友人を通じてさえ、しのびよった。それは専修念仏者の心に、さまざまの動揺を与えた。「おれは正しい信仰をつかんだぞ。」そういった高ぶりによって、心の動揺をおさえようとする。その心の高ぶりは、古くからのうぬぼれにつながっていた。

親鸞の時代の専修念仏者は、外には権力者の念仏禁圧令との斗い、内にはもっと恐ろしい心の動揺との斗い。それが日々をみたしていた。そのような苦しい斗いの中から、人間の、何ものにも恐れぬ精神は誕生し、かがやきはじめるのである。そのような苦闘と勝利の体験を、かれは、「三願転入」として、論理化したのである。

やがて、このような若々しい精神にみちた専修念仏運動の時代は過ぎ去った。代わって、体制に従順な善男善女が、本願寺の法主様にひれ伏すことによって、一挙に「他力信心」をいただける時代がきた。そのような時代にふさわしく「三願転入」の文も、やきなおして理解されたのである。

反体制への転化の論理

これまで、「三願転入の論理」を、親鸞個人の心の歴史としてみてきた。しかし、これだけでは、わたしたちはまだ、この論理のもつスケールをありのままにつかんではいないのである。

かれにとって、この論理は、そのまま、かれのまわりをとりまく世界、その精神の歴史を解き明かすものだった。

「第一段階」（十九願）は、比叡山のような、そのころの体制的な仏教、古いよどんだ精神の世界全体をしめしている。

これに対して「第二段階」（二十願）は、専修念仏集団にはいりながら、いまだ動揺多き人々の世界をさしている。かれは晩年の手紙で、つぎのように書いている。

「法然聖人の御弟子のなかにも、わたしはすぐれた学者（ゆゆしき学生）だ、などとおもっている人々も、この世ではみないろいろに仏法の文章をいいかえて、自分の身もまどい、人もまどわせて、わずらいあっていらっしゃるようです。」

せっかく絶対他力の専修念仏の門にはいりながら、自力慢心《じりきまん》の心で、まどいつづけている人々の世界だ。最後の「第三段階」（十八願）こそ究極《きゅうきょく》の立場である。「金剛信心」と、かれは呼んだ。「金剛」とはダイヤモンドのことだ。かれは晩年の手紙で、性信《しょうしん》という中心の弟子に対し、

「あなたの信心は、いま、決定的になられたのです。」

といっている。性信は建長の弾圧を斗いぬいたことによって、究極の信心にはいった、というのである。

このように「三願転入」の論理は、ただ親鸞個人のためのものではない。今は勢い強くみえ、体制側にたつ、あやまった思想の人々も、やがて専修念仏の門にはいる日がくるだろう。そして、しばらく自力の専修念仏の立場を通った後、必ず、金剛信心を得、ミダの救済の光の中にみちびき入れられてゆく。すなわちミダ仏

が、過去より現在・未来にいたるまで、世界のすべての人々を救いつくすための、救済の方法とその歴史を論理化する。それが「三願転入」の論理なのであった。

　このようにして親鸞は、自分の心の歴史と、ぴったり一致した壮大なスケールの歴史哲学をうちたてた。この「三願転入」の論理こそ、『教行信証』全体のしくみをつらぬく根本の立場だったのである。

三願とは何か

　あとまわしになったが、親鸞が使っている「三願」ということばについて書いておこう。これは大無量寿経に出てくる、つぎの三つの願いだ(四十八の願いの中の三つ)。

一　たとい、わたしが仏になることのできる日が来ても、つぎの願いが満たされねば、わたしはさとり(正覚《しょうがく》)をひらきたくない。

いたるところの人々が菩提心《ぼだいしん》(多くの人々の救済をおもう愛の願い)を起こし、いろいろの善い徳をつみ、心をつくし、わたしの国(浄土)に生まれようとおもうこと。そうすれば、その魂が永遠に救われることの証《しるし》に、わたしは浄土の人々とともに、その人の死にぎわの、心の目の中に立ち現われよう！

それが、わたしの願いである。(第十九願)

二　たとい、わたしが仏になることのできる日が来ても、つぎの願いが満たされねば、わたしはさとり(正覚)をひらきたくない。

いたるところの人々が、わたしの名まえを聞いて、わたしの国（浄土）にあこがれをいだき、いろいろな徳をうえつけ、心をつくし、わたしの国に生まれようとおもうこと。その人のあこがれが果たし遂げられるように！

それが、わたしの願いである。（第二十願）

三 たとい、わたしが仏になることのできる日が来ても、つぎの願いが満たされねば、わたしはさとり（正覚）をひらきたくない。

いたるところの人々が、心をつくし、心から信じ、心から楽しんで、わたしの国（浄土）に生まれようとおもい、そのためにそのおもいを十回くりかえすこと。そうすれば、その人の魂は、必ずわたしの国に生まれるように！

それが、わたしの願いである。ただ、五つの悪逆を行なう人々と、正しい仏法をそしりののしる人々だけは、救済からのぞくこととする。（第十八願）

これは法蔵比丘《ほうぞうびく》という男がたてた四十八の願いの中の三つである。わたしの国（浄土）の人々は、ほんとうの金色《こんじき》でつつまれているように、とか、わたしの国の人々は、衣服の裁縫や洗濯の心配がいらないように、とか、この経典がうみだされたころの、人々の生活状態や欲望を反映していてほほえましいものも、ふくまれている。

しかし、その全体には大乗《だいじょう》仏教（多くの人々の救済への愛の願いを根本としようという、仏教の一派。法華経・大無量寿経をはじめ、数々の経典をうみだした）という思想運動の若々しく感動的な精神がみなぎっている。

法蔵比丘は、これらの願いをたてたことによって、法蔵菩薩と呼ばれた。やがて、あの「わたしの国」（浄土）のミダ仏となった、というのが大無量寿経の説くところだ。これがアジア世界の精神に大きな影響を与えつづけたアミダ信仰。その完成された形の思想説話である。

したがって、大無量寿経自身には、四十八の願いの中からこの三つをとり出す必然性は何らない。後世の念仏運動が自分の好む願いを抜き出した。親鸞は、それを自分の心の歴史の三段階に適用したのである。経典のことばをあがめる人々の心は、現代のわたしたちの想像するほど盲目的なものではない。自分の精神をかがやかすものを経典に託《たく》して語ろうとしているのである。

『教行信証』はいつ作られたか

このような「三願転入」の歴史観を根本の軸として、それを「教」巻以下の各巻に展開した『教行信証』。それは、いつごろ書かれたものだろうか。

五天良空《ごてんりょうくう》の『正統伝《しょうとうでん》』では、

「五十二歳、元仁《げんにん》元年甲申《こうしん》正月十五日より、稲田《いなだ》において、『教行信証』を書きそろえたまう。」

と述べている。この「元仁元年」という年代は、つぎのような形で、『教行信証』の中にあらわれている。

「釈迦の死んだときを考えてみると、中国でいえば、周の五代の王、穆王の五十一年壬申《じんしん》の年に当たっている。その壬申の年から、我が元仁元年甲申《げんにんがんねんこうしん》の年に至るまで、二千百八十三年である。」

つまり釈迦の死より現在まで、何年たっているかを計算した文章なのである。これは「末法」(仏教のおとろえる時代。釈迦が死んで一五〇〇年もしくは二〇〇〇年後にやってくると考えられた)にはいって、今が何年めかを書きしるすためである。したがって、この文から見て、「元仁元年」は、かれが『教行信証』を書いていたときだ、という判断が出てくるのは、きわめて自然だ。

しかし最近の学界では、この考えをしりぞける学者が多くなっていた。その理由は、つぎのようだ。『坂東本《ばんどうぼん》』(親鸞自筆の『教行信証』)は、その八割が、一枚に八行《ぎょう》の形で書かれている。これが、『坂東本』の中では、いちばん早い年代の筆跡だ。高田専修寺にある親鸞自筆の『唯信鈔《ゆいしんしょう》』の六十三歳の筆跡に近いといわれている。八行の部分は、かれが自分の草稿より清書したものとみられ、紙も、字も、比較的ととのった形をしている。その他には七行《ぎょう》の形(八十歳代《だい》前半ごろの筆跡)、九行の形、五行短紙《たんし》など、いろいろの部分があり、それぞれ年代のちがったときの改定のあとをしめしている。

ところが、この年代計算の文は、「五行短紙《たんし》」の中にふくまれている(次ページ写真参照)。ここは、筆跡自体は八行の紙の場合とほとんど変わりない。しかし、この形自身は一応、八行本文だったのをかれが切りちぢめて、書き直したあとをしめしているのである。

小川貫弌《かんいつ》は、この事実に着目した。このようにあとから改定された部分の中にある、「元仁元年」の文字。

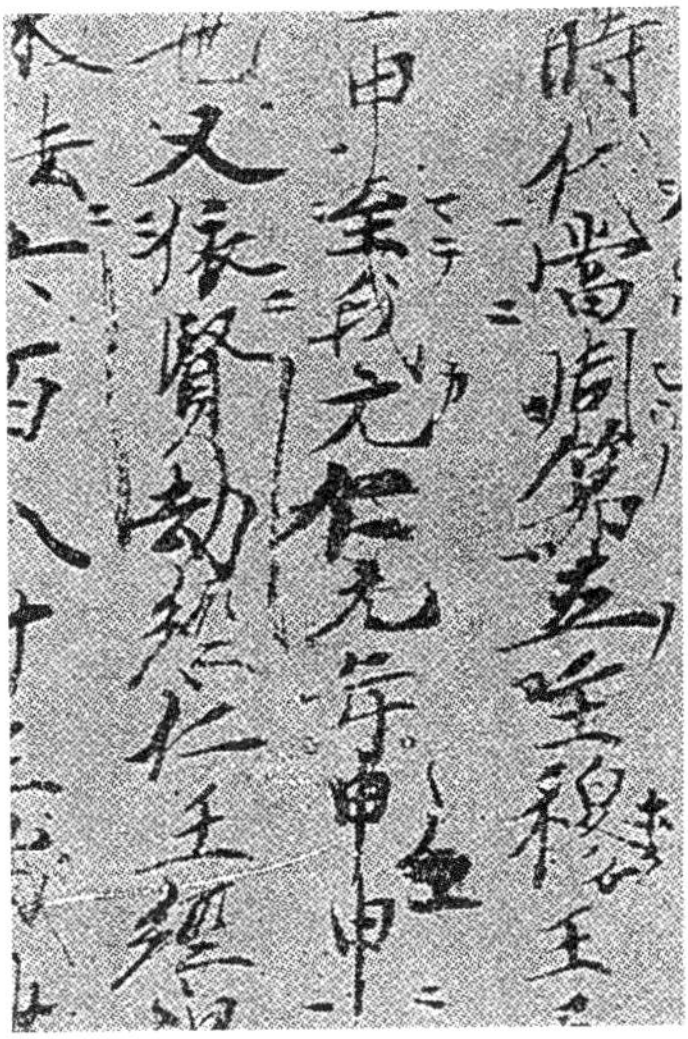
『坂東本』(東本願寺蔵)・親鸞真筆

これをもとに『教行信証』が書かれた時期を考えるのは危険だ、といったのである。

この後、赤松俊秀は、さらに論をすすめた。「その書き入れのある本紙は、親鸞が『坂東本』を最初に書写した当時のものではなく、その直後ではあるが、とにもかくにも用紙を改め、本文を書き直したときのものである。したがって初稿本にそれが書き入れられていたかどうかもわからない。むしろ書いていなかった可能性のほうがはるかに多い。『教行信証』の成立は元仁元年（一二二四）の年紀と一応切り離して考察すべきである。おそらくそれ以前に成立していたと考えて誤りないであろう」（傍点、古田）

『教行信証』は元仁元年、親鸞五十二歳より前に書かれていた、というのである。赤松は昭和二十九〜三十年、東本願寺の依頼で、『坂東本』の解体修理を直接指導したから、その発言には重みがあった。

これに対し笠原一男は、『教行信証』は元仁元年より十一年後に書かれたと、主張した。笠原が着目したのは、「元仁元年」の「仁」の字である。この部分を写真拡大して見つめると、いったん「年」という字を書き、これをけずり消して、その上に「仁」と書き改めてある。この事実を笠原は重んじた（写真参照）。この事実から、笠原は大略、つぎのように推理した。

「親鸞が『教行信証』を書いたのは、六十三歳にあたる文暦《もんれき》二年だ。そのとき釈迦《しゃか》の死から現在までの計算をするのに、前年の文暦元年(六十二歳)から計算しようとした。この年は念仏禁圧令の出た年で、親鸞には末法のしるしと思われた重要な年だったからである。そこで〃文暦元年〃の意味で、〃我元年〃と書きかけてふと考えた。昨年の念仏禁圧令のもとは、十一年前の〃元仁元年〃(五十二歳)からはじまっている。だから、いっそのこと、この年から計算すべきだ。こう考えて親鸞は、〃我元年〃の〃年〃を消して、〃我元仁元年〃とつづけたのである。」と。六十三歳の親鸞の頭は、末法計算の起点とすべき年を求めて、はじめ六十二歳のとき、ついで五十二歳のときへとさかのぼっていった、というのである。まさにシャーロック＝ホームズばりの推理である。しかも、両度の念仏禁圧事件を背景に結びつけた、興味深々《しんしん》たるものだ。

このような京大(赤松)、東大(笠原)、の両大家の説の対立。それを前にして、わたしは考えこんだ。歴史学で親鸞を考えるうえに、『教行信証』がいつできたか、は重要だ。しかし、わたしの親鸞研究は何をよりどころにしたらよいのだろう。

科学的な筆跡判定法

何とか客観的に科学的に、これをハッキリさせる方法はないものか。わたしはその方法を求めて、各地の大学の工学部などをつぎつぎと訪問した。そして何かいい方法はないか、と聞き耳をたてたのである。その結果、二つの方法が見つかった。

その第一。工業用色ガラスフィルターによる方法である。あるフィルターは一つの光を透《とお》すが、他のフィルターはその光を透さない。こういう性質を利用して写真撮影《さつえい》すると、肉眼では同じに見えるものが、区別できるのである。

その第二。デンシトメーターという測定装置がある。写真に写った墨の濃度を、精密に測定できる機械である。だから墨の文字を、書き順にそって濃淡《のうたん》の変化を測定し、その数値をグラフにすると「筆圧曲線《ひつあつ》」が描かれる。それは筆者の書きぐせと個性を、客観的にあらわしている。本物《ほんもの》と偽物《にせもの》とを区別するにも、ズバリ有効だ。

はじめのころ、化学変化を起こせるインクがうらやましかった。ヨーロッパでは古くからインクだ。その研究もすすんでいた。しかし、こうなると、千年たってもほとんど変化を起こしていない墨というカーボン。このほうが現代の科学研究にとって、はるかにありがたいことがわかってきた。

このほか、紙に対する顕微鏡写真撮影についても知識を吸収していった。そしてついに昭和四十一年の夏、東本願寺で、『坂東本』を単独調査できる日がやってきたのである。このとき撮《と》った、いろいろな種類の写真類を検討した結果、とうとう解決の鍵となる新事実を発見できたのである。

確かに笠原が見いだしたように、「元仁元年」の「仁」は「年」の書き直しであることはまちがいなかった。ただし、親鸞がいったん「元年元年」というように書きかけたうえで、上の「年」を消して、「仁」と直しているのである。それは、この部分の写真をデンシトメーターにかけ、その濃度数値を測定して判明した。

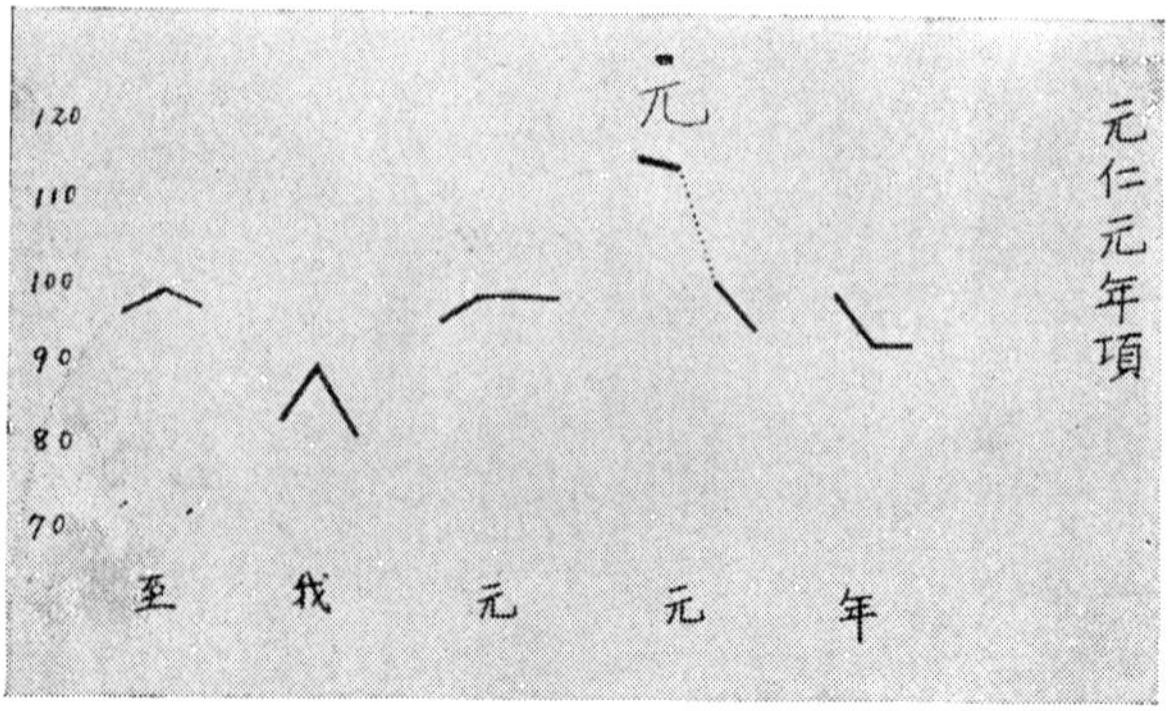

デンシトメーターA　（「仁」は「年」の削りあとに、書きなぞってあるため、通常の数値でないので、これを除いた）

そのグラフを上にかかげる。

このように、二回めの「元」の第一画の点が、とび離れて高い数値をしめしている。これは、削り落とした「年」の最末端と重なって、濃い墨跡となっているのである。したがって、上の「年」を削り落とす前に、すでに「我《わが》元年元年」と書いていたことが、ハッキリしたのである。

これは何を意味するか。親鸞は「我元仁元年」と書いてあった、もとの文（八行本文）を前にして、写し直していた。ところが「元」が二つあるため、下の「年」に目をとられて、「我元年元年」と、いったん書いてしまったのだ。わたしたちも、文章を写すとき、よく経験する、目の錯覚《さっかく》だ。単純な写しまちがいのケースである。

この一見何でもない事実は、どういう結論をしめしているか。

まず、赤松の考えたような、この五行短紙の前には、「元仁元年」と書かれていず、別の年号が書かれていたろう、という推測。これは当然、拒否されることとなろう。

つぎに笠原の考えたような、はじめ文暦元年のことを「我元年」と書いた、という考え。これも否定されることとなる。なぜなら文暦元年は「甲午《こうご》」の年にあたる。だから親鸞の文章表現では、このあとに「我元年甲午」というように、「甲午」という字がつづくことになるはずだ。しかし、そのように書いた痕跡《こんせき》はまったくない。明らかに「我元年元年」と書いている。

思いがけぬところに鍵が

このような検出結果は、さらにつぎのような発見によって確かめられた。この五行短紙の上の欄外《らんがい》につぎのような書き加えがある。

「元仁者、後堀川院諱茂仁《ホシン》、聖代也」（写真参照）

ここをデンシトメーターにかけて測定しているうちに、奇妙な事実が見つかった。「後堀川」の三字が他の十字と、まったく数値がちがっている。親鸞独特の個性をもった濃淡の変化が、まったくないのである。

『坂　東　本』
（元仁元年項の上欄）

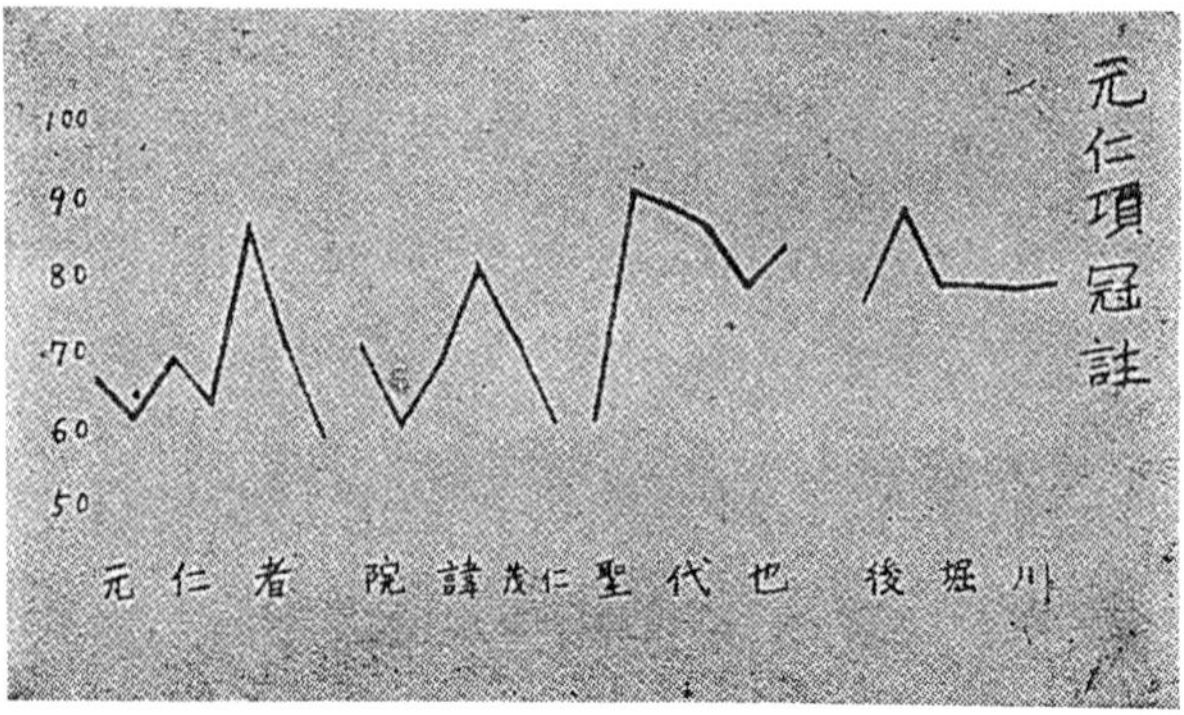

デンシトメーターB

（写真参照）

　この発見が出発点となって、全『教行信証』中から「後堀川」にあたる字を調査した。その結果、この「後堀川」の字が、親鸞の筆跡ではないことがはっきりしたのである。たとえば「後」の「彳《ぎょうにんべん》」が、親鸞通常の筆法と変わっている（第三画の末端が、右にはねあがった形）。そこで、『教行信証』にある全部の「彳」をしらべた。二一〇九箇所あった。そのすべては、ここの「彳」とはちがっていた。また、念のため「イ」をしらべた。三四一五箇所あった。これも、まったくちがっていた。末端が右にはねあがったりすることは、けっしてないのだ。これは、どういうことだろうか。

　親鸞は、はじめ「元仁者（空白）院諱茂仁聖代也」と書いた。あとで別人によって、「後堀川」の号が書き入れられたのである（親鸞が弟子に書き入れさせたということもありうる）。

　ところが、このように「院」という呼び名で書かれるのは、後堀川上皇の「院政時代」に限られる。これは、そのころの朝廷の記録『百錬抄《ひゃくれんしょう》』の後堀川天皇の項の書き方によっても確かめられた。

天皇在位中――主《しゅ》上《じょう》
院政期間――院《いん》
死後――故院《こいん》

というふうに正確に書き分けられている。しかも、幸いにも後堀川の場合「院政」は、貞永元年（一二三二、親鸞六十歳）の十月四日から天福《てんぷく》二年（一二三四、親鸞六十二歳）の八月六日までの約一年十か月間という短期間だった。だからこの間に、この欄外の注《ちゅう》は書きこまれていたのである。そうすると本文は、もちろん、それ以前となる。これは笠原の考えた「文暦元年」より前である。とすると、まだ「文暦元年」になっていないのに〝「文暦元年」のつもりで、「我元年」と書く〟などということは、絶対に起こりえないのである。

このようにして、先の検出結果のように、親鸞がはじめ「我元年元年」と書いたこと。それは書写原本に「我元仁元年」とあったための、単純なミスであったこと。そういう事実が一段とハッキリしたのである。

もう今は、これ以上、ゴタゴタと細かい論証にたち入るのはよそう。要するにこの「我元仁元年」の文句は、「八行本文」のはじめからあったことが確かめられたのである。古くからの「『教行信証』は元仁元年に書かれたのだ。」という考えが、やはり正しかったのだ。それが科学の手で再確認されることとなったわけである。

「泰山鳴動《たいざんめいどう》、ねずみ一匹《いっぴき》」（大騒動して、結局たいしたことが起こらないこと）と笑わないでほしい。たったひとかけらの真実でも、それをハッキリこの手ににぎるためには、人間はどんな辛酸（つらい目）をなめてもいいのである。

果てしなき内と外との斗《たたか》い

東国時代の心の斗い

東国時代の親鸞の心の斗いを、そばから記録したのは妻の恵信尼である。恵信尼文書第五通は、親鸞の死後二か月あまりして娘の覚信尼あてに書かれたものだ。

寛喜《かんぎ》三年（一二三一、親鸞五十九歳）四月十四日のことだ。昼ごろより親鸞は少し風邪《かぜ》気味だといって、夕方からこもってしまった。いつもとちがう。腰や膝をたたいてもらうこともせず、ただ、じーっと寝ていた。からだに触れてみると火のように熱い。頭もひどくいたいようだ。こういうようすがつづいて四日めの朝、苦しい中から「まあ、それでいいだろう。」と親鸞がいったので、「なに？たわごとですか？」と恵信尼がいうと、親鸞はつぎのように語ったという。

「たわごとなどではない。寝ついて二日めから、自分の心に大無量寿経を読むことたえまがない。たまたま目をふさぐと、この経の文字が一字ものこらず、きららかにこまかに見えるのだ。『なんとも、これは合点《がてん》のゆかぬことだ。今のわたしには、念仏の信心よりほかには、何の心にかかるはずのものがあろう。』とおもって、よく考えてみると、思いあたることがあった。

この十七、八年むかし、ことごとしく三部経（大無量寿経・観無量寿経・阿弥陀経）を千回よんで、人々を救うためにしよう、といってよみはじめていたのを、『これはなにごとだ。〃自信教人信《じしんきょうにんしん》、難中転更難《なんちゅうてんきょうなん》〃(自ら信じ、人に信じさせる、これはむつかしいことの中でも、ことさらむつかしいことだ)といって、自ら信じ人を教えて信じさせることこそ、真の仏恩にむくいたてまつる道だ、と信じながら、ミダの名号《みょうごう》(南《な》無《む》阿《あ》弥《み》陀《だ》仏《ぶつ》)のほかには何事の不足があって、必ず経をよもうとするのか。』と思いかえて、よむのをやめた。

だから、もう、のりこえた、と思っていた問題が、やはり少し自分の心の中にのこるところがあったのか、人の執着《しゅうじゃく》する心、自力の心は、よくよく考えねばならぬ、と思いなして後は、大無量寿経をよむことがやっと、とどまった。」

このようにかれは妻に語ったというのだ。ここで「十七、八年むかし」の話というのは、すでに触れた。建保二年(一二一四、親鸞四十二歳)のことである。

このあとかれには、大いなる論理の誕生があった。「三願転入の論理」である。「金剛信心《こんごうしんじん》」が自然に自己の中にかがやきわたるのをみる、という、美しい体験の朝をむかえたのである。しかし、これで事が決着したのではない。熱にうかされたかれの頭に、夢魔《むま》のように「大無量寿経」の文字が殺到した。そうだ、専修念仏者にとっての最高の経典さえ、悪魔となって到来する季節があるのだ。

わたしはかつて、今の学者たちが青年をあざけって、つぎのようにいったのを聞いたことがある。

「今、学生運動をやっている学生なんて、『資本論』も読んでないんだからな。」と。

しかし、マルクスは逆に、学者をあざ笑うだろう。「『資本論』をすみからすみまでおぼえていて専門家ぶっているやつなんかに、おれのことがわかってたまるか」と。かれら学者には、『資本論』が「反《はん》マルクスの書」となっておおいかぶさっているのだ。このような現代の学者たちに反し、親鸞は、親鸞集団の中で、得意げに「大無量寿経」を注釈し、講釈する自分を見、それを拒否しはじめたのである。

このようにして、かれは、六十代への扉をあけ、すさまじい光の晩年の世界に一歩をふみこもうとしていたのである。

一切経校合《いっさいきょうこうごう》　親鸞は、『教行信証』の著述に必要な経典や資料をどこで見たのだろうか。あんなたくさんの経典をどうやって東国の片田舎で手に入れることができたのだろうか。わたしたちにとっては、これは当然な疑問だ。

これについて、一つのヒントを与えてくれるエピソードを覚如の『口伝鈔《くでんしょう》』が伝えている。北条時頼《ほうじょうときより》が九歳のとき、北条の邸に招かれた親鸞と会って、問答したというのだ。しかし、かれは、けっしてえらい坊さんとして、説法などのために招かれたのではない。一切経（仏教の全経典）の校合（照らし合わせ）をするアルバイトのため、その他大勢の僧侶たちのひとりとして加わっていたのだ。一回の仕事がすんで食事が出された。魚鳥もふんだんに出されている。ほかの僧侶たちは、そのころの慣例どおり、袈裟《けさ》（僧侶の服）をぬいで魚鳥を食べた。袈裟をぬいでいる間、俗人にかえる、というわけだ。

しかし、かれは袈裟をぬがなかった。それを不審に思ったのが、好奇心につられて、この席へ来ていた開寿《かいじゅ》（後の執権《しっけん》、北条時頼の幼名）である。「なぜか」と親鸞にしつこく聞いた。かれは、はじめ言を左右にして答えなかったが、あまり開寿が問いつめるので、ついに答えた。

「せめて、袈裟を着て食べて、魚鳥に功徳《くどく》を与えたいと思ったのです。」と。

この話に、わたしは、ひかれていた。「袈裟をぬいでいる間だけは、僧侶ではない」まことにうまい便法だ。しかし、こんな要領のいいやり方に、はき気をもよおしている親鸞。自分だけは袈裟をぬがない親鸞。そこに、わたしは親鸞の真実性《リアリティー》を感ずるのだ。これは、『教行信証』の中に通っている、心のしんと共通なものである。

しかし現在の多くの学者は、この話を信用しない。「史実ではない。覚如の創作だ。」とするのだ。この中から〝変形された史実〟をくみとろうとしたのが赤松俊秀だ。おそらく、下野《しもつけ》・常陸《ひたち》の豪族、宇《う》都《つの》宮《みや》氏の館《やかた》に招かれた話が「からし種」をなす事実だろう。それが時の執権北条の館の話にまでふくれあがって伝説化されたのだ、というのである。

これは「反映説」だ。神武天皇の東征説話は、熊襲《くまそ》平定の史実の反映だ、いや、応神天皇の東征の反映だ、といった類《たぐい》である。こういった「反映説」は、容易にたてやすい。しかし、その明らかな弱点は、明確な証拠をもたない点にある。この「一切経校合」問題もそうだ。もし、「からし種」をふくらますなら、成人した時頼に堂々と説法をする、明恵や道元なみのイメージにふくらませるはずだ。それがアルバイトの校合係とは！

しかし、あてこすりはやめよう。この「一切経校合」が史実であることが証明されたのだ。それを述べよう。

まず、覚如が不用意だったのは、時頼の父である「時氏《ときうじ》のころ」として、この話を書きはじめたことだ。覚如は時頼が九歳だから、当然、父の時氏のころと考えたのだ。ところが時氏は、子どもの時頼が四歳のとき死んだ。執権にもならず二十八歳の若死《わかじに》で。時頼の九歳のときは、祖父の泰時《やすとき》が執権をしていたのである。だから、まず「泰時のころ」とすべきだった。これが覚如の第一のミスである。

つぎのミスがもっと重大だ。わたしたちは「女犯の夢告」のことを、おもい起こそう。わたしたちは「三夢記」の真作決定によって、それが「建仁元年」のことであったことを確認した。ところが東本願寺にある覚如の自筆本『伝絵』では、「建仁三年」のこととしてあるのだ。ごていねいに、「えと」（干支《かんし》）は建仁元年の「えと」のままにして。このことからわかるのは、覚如の年代計算の物差《ものさし》には「二年のずれ」があることだ。こうしてみると、この事件のあった開寿九歳（嘉禎《かてい》元年、一二三五、親鸞六十三歳）も、七歳（天福元年、一二三三、親鸞六十一歳）のこととなろう。ところが『正統伝』でも、この年、六十一歳のとき、北条家の一切経校合の法会《ほうえ》に出た、と書いてあるのである。

『正統伝』は「女犯の夢告」のところで、覚如自筆本『伝絵』の「建仁三年」説を攻撃している。覚如が「祖師直口《そしちょくこう》の相伝《そうでん》」を知らないせいだと笑いとばした。覚如の年表計算上の「二年のずれ」からきた単純ミスだ、などとは夢にも気づいていないのである。したがって、『正統伝』の「一切経校合」記事が、『伝絵』の「二年のずれ」に気づいて書き直されたという形跡は、まったくない。それだのに「二年のずれ」を訂正すると、二つの記事はぴったり一致するのである。これまで学者は、『正統伝』を伝記史料としてばかにしてきた。江戸時代の作品だからだ。しかし、まったく別系統で記事内容もちがった『伝絵』との、この一致を偶然と片づけるわけにはいかないのである。このようにして、覚如の年代計算のミスは、偶然にも事の史実性を裏書《うらが》きする鍵となった。

しかもわたしたちは、この「一切経校合」の記事の裏づけを『吾妻鏡《あづまかがみ》』の中に見いだすのである。嘉禎四年七月のころに、鎌倉の北条家から園《おん》城寺へ、一切経五千余部を奉納する記事がのっている。それはこの前年（嘉禎三年）が尼将軍政子《まさこ》の十三回忌《き》にあたっており、それをめざして書写の功を積んだものだというのである。これより六年前、政子の七回忌にあたる、寛喜三年七月にも、政子の追善《ついぜん》のために「一切経会《いっさいきょうえ》」が行なわれたという記事がある。おそらく七回忌（親鸞五十九歳）より十三回忌（親鸞六十五歳）の間において、北条の館で「一切経」五千余部の書写が行なわれていたものとおもわれる。『伝絵』・『正統伝』の一致して記載する、親鸞が北条の館において「一切経校合」に参加した話。それは、親鸞六十一歳のころだから、ちょうどこの六年間の中にあたっているのである。このような事実からしても、この「一切経校合」は覚如の創作ではない。史実にもとづくもの、と考えねばならないのである。

中沢見明の『史上の親鸞』は、覚如への不信を出発点としている。かれは、そのため、しばしば科学的立証を飛びこえた。現代の学者も、中沢のあとの轍《わだち》をふみ、覚如への、あいまいな不信の中にいる。しかし、それは、ことばの正確な意味において「科学的」ではない。

それよりも、覚如は、この話にふくまれている、思想上の重要な問題点に気づかなかったようである。『吾妻鏡』によると、文暦二年（親鸞六十三歳）、鎌倉幕府は「黒衣の念仏者」追放令を出した。「女人《にょにん》を近づけたり、魚鳥を食したりする」悪行の念仏者を追いはらうというのである。これを聞いた親鸞は、どのような思いがしただろう。二年前、北条の権力の館で、毎日「魚鳥のふるまい」にあずかったのである。僧たちは、「公認」のしたり顔で、「袈裟をぬいで」魚鳥を食していたのである。それだのに、表向きでは、「魚鳥を食するような」悪行の念仏者という。親鸞が袈裟をぬがなかったのは、単に魚鳥への慈悲のためだけではない。小利口《こりこう》に袈裟をぬぐ僧たちの偽善よりも、堂々と魚鳥を食する「黒衣の念仏者」の側に、かれは自《みずか》らをおいたのである。七歳の開寿にはそんなことはわからなかった。ほほえんで子どもと話していたかれの心は、偽善《ぎぜん》への怒りに燃えていたのである。そうだ。大人ぶった偽善者面《づら》に本気で怒らない人間が、どうして子どもに対して、ほんとうにやさしくできるだろう。それなのに、世俗的な感覚の持ち主、覚如は、「さすがに権力の座につく方は子どものころからちがったものだ。」——そんな調子のいい結論へもっていって、この話を結んだのである。

■ 思想は弾圧にうちかつ

(親鸞真筆)

念仏禁圧令の嵐の中の帰郷

京に帰る

六十三歳ころ、親鸞は京都へ帰った、といわれる。たとえば『正統伝』は、つぎのように伝えている。

「(六十三歳)同年八月四日、聖人入洛也《にゅうらくなり》。まず岡崎御坊《ごぼう》に入《はい》りたまふ。」

このように、後世の伝記の中に述べられてあるだけだ。別に、直接の証拠はない。

しかし、この問題について、一つの示唆《サゼスチョン》(さししめし、教えること)を投げかけているものに、「紙」の問題がある。

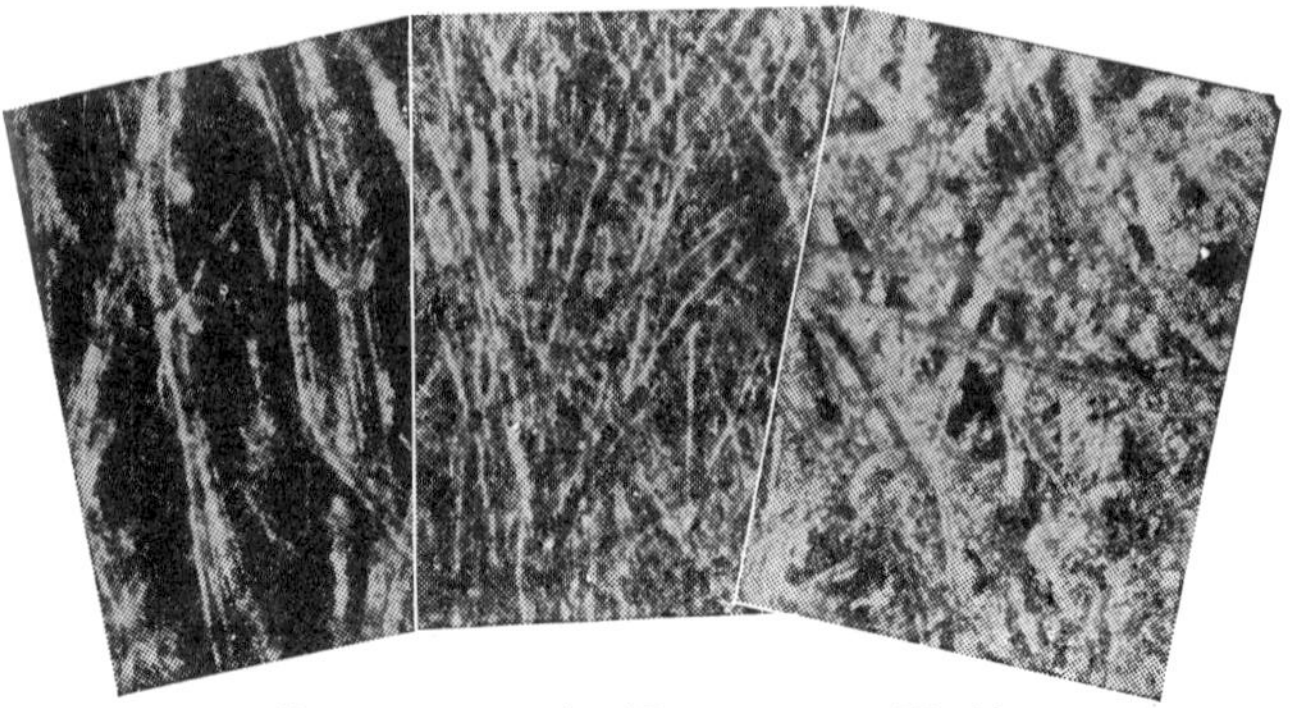

楮《こうぞ》　麻紙《まし》　溜漉《ためすき》

顕微鏡写真、坂東本

現在、のこっている親鸞自筆本に用いられた紙を全部顕微鏡写真にとるのだ。そうすると、紙の性質が浮かび上がってくる。一方で、鎌倉初期の紙をことごとく、顕微鏡写真にとる。これを物差（基準）にして、親鸞の紙とくらべる。そうすると、東国の紙と京都の紙と、年代によって使い分けられているかもしれないのである。もちろん、紙には「移動性」がある。だから京都の紙だからといって、京都で使ったとはかぎらない。しかし年代によって大きく片よりがあれば、紙の原産地と住居の位置に関係があろう。

こう考えて、わたしは『坂東本』を実地に調査したとき、六十枚にわたって、顕微鏡写真をとった。この撮影結果を見ると、相当興味深い。従来、同じ紙であるとおもわれていたところが、意外にちがっていたりするのだ。しかし残念なことに鎌倉時代の物差がない。この時代の紙が全体的に顕微鏡写真化されていないのだ。たとえばローマの図書病害研究所・中央保存研究所にあるような、全時代、全産地の紙の顕微鏡写真が、日本ではまだそろえられていないのである。そこで、残念ながら、わたしの撮影写真は、その利用価値を百パーセント発揮できないでいる。だれか、きみたちの中で、この仕事を大きく発展させる人はいないだろうか？

さて、話をもどそう。親鸞が「いつ、京都へ帰ったか」という問題におとらず重要なのは、「なぜ京都へ帰ったか」ということだ。せっかく東国に広く深い親鸞集団をつくりあげたのに、なぜ、それをおいて帰っていったのだろう。ただ、生まれ故郷が恋しかったから、ではすまない問題だ。

これを、東国の弾圧のせいだ、という学者もいる。鎌倉幕府は、念仏者への弾圧を強化しはじめた。元仁・嘉禄・建長と禁圧があいついだ。その難を避けて親鸞は京都へ帰った、というのである。「そのところの縁がつきたら他へうつって念仏せよ」という親鸞の手紙の中のことばを証拠とするのである。

確かに、親鸞の生活・住居の動きに、体制側の念仏禁圧が陰に陽に、大きな影響を与えていたことは疑えないだろう。しかし、ただそれだけでは、問題がのこる。ただ禁圧をのがれて他へうつるのでは、ヒヨッタ（本質を妥協《だきょう》する）ことにならないか。しかも、親鸞集団と共にうつるのではない。動こうにも動けない農民や在地商人・在地武士をおいて、うつるのだからなおさらである。親鸞を求め、必要とする、多くの人々がいるのに、どうして、「そのところの縁がつきた」といえるのか。その点、親鸞の心の内部に存在した、とおもわれる、一つの問題について語ろう。『教行信証』の中に、つぎの有名な一節がある。

まことに知る、悲しいかな、わたし（愚禿鸞）は、愛欲の広い海に沈み没《ぼっ》し、名利《みょうり》（名誉と利益）の大きい山に迷いまどうて、往生決定の人の数の中にはいることを喜ばず、真実の救済の証《あかし》に近づくことをたのしまない。恥づべきことだ。傷《いた》むべきことだ。

経典の引用の多い中で親鸞の地の文として異様な迫力をもっている。この文章には、他をかえりみるいとまのない切迫した語気がある。しかし、これまでの宗学の受けとり方では「自分の内省をしめして謙遜《けんそん》し、一般信徒の模範《もはん》にして下《くだ》さった。」といったふうだ。親鸞の心が「名利」「愛欲」の中に迷いぬいていた、ということは、親鸞自身のこの内面の告白を信ずる限り、東国時代、五十二歳ころの歴史事実なのである。それでは、この「名利」「愛欲」とは、親鸞にとって、いったい何だったのだろうか。若い客気《かっき》（ものにはやる勇気）のころではない。この問題の答えは、親鸞晩年のつぎの和讃にふくまれているとおもう。

よしあしの文字をも知らぬ人はみな、
まことの心なりけるを
よしあしの字知り顔は
おおそらごとの形なり
是非《ぜひ》知らず邪正《じゃしょう》もわかぬこの身なり
小慈小悲もなけれども

「よい」「わるい」という文字さえ知らない人はみな、
真実の心であったのに
「よい」「わるい」の字を知ったかぶりの人は
おおうそつきの姿である。
「よい」「わるい」の判断もできず、「まちがっている」「正しい」の
区別さえつかないこの身だ。
わたしには、ちょっとした「慈悲」もないけれども

名利に人師を好むなり　「名利」のために、人の師匠になるのを好むのだ。

この骨をつらぬくような自己告白の中で、「名利」ということばが、「人師を好む」という内容と結びつけられているのがわたしの目をひく。親鸞にとって、外なる弾圧よりも、ほんとうにおそろしかったのは、この自己の内なる「名利」ではなかったろうか。それは、「金剛信心」にはいったから、もはやそんなものにわずらわされません、などといってすましておれるものではない。親鸞集団が広く深く根をおろしたから、もう安心、などといえるものではない。親鸞の運動が深まれば深まるほど、人々の心をひきつければひきつけるほど、「名利」の黒い影は親鸞をおそい、その心をむしばもうとするのだ。

浄土真宗に帰すれども
真実の信はありがたし
虚仮《こけ》不実のわが身にて
清浄の心もさらになし

浄土真宗にはいっても
ほんとうの信心はありにくい。
うそいつわりでまことのないわたしの身だ
清らかな心もちっともない。

親鸞が東国を去った、真の動機は、「集団の権威者」となり、「精神の指導者」となりはじめた、そのような自分を捨てるためではなかっただろうか。親鸞晩年の和讃や手紙などからただよってくるものは、けっして一つの仕事を成し遂げた〝功に誇る人〟のにおいではなく、深く自己をみつめ、自己を責める色をひそめている。しかし、この問題の、さらに深い局面は、つぎの章で明らかにされよう。

あいつぐ念仏禁止令

親鸞の生涯は専修念仏迫害の嵐につらぬかれている。承元の大弾圧のあと、東国へ向かった後も、いたるところで迫害の手にあった。それは当然だ。全国津々《つつ》浦々《うらうら》にしみこんだ古い仏教のしくみ、それまでの常識に挑戦するのが、新しい教え、専修念仏だった。古い仏教は村々の神社信仰と手を組み、人々の生活をしばりつけていた。親鸞の運動は、これと正面から対決することなしには、どの村にもはいってはゆけなかったのである。

むろん、新しい教えによって、自己と自己の生活の解放に目ざめ、喜々としてこれをむかえる人々も多かった。農民を中心に商人や下級武士までこれに加わった。そうであればあるだけ、これに敵対する者もふえるのだ。いままで自分がしっかりにぎっていた利益や勢力の地盤が、つぎつぎと切りくずされてゆくからだ。『伝絵』に伝えられる山伏《やまぶし》弁円が、親鸞に敵対した話なども、その一つだろう。親鸞が手紙の中で書いている善乗房の話も、その一つだ。『歎異抄』の中で、親鸞のつぎのことばが記録されている。「専修念仏を非難し、攻撃する人があればあるほど、それを予言してあった仏の教えの確かさを知り、いよいよ専修念仏の信心を深めるのだ。」と。ここには、たえざる外からの迫害の中で、内面を深化していった親鸞とその弟子たちの姿があらわされている。

中央の歴史に記録されているのは、地方の村々の迫害ではなく、中央の権力、中央の旧仏教教団からの迫害だけだ。貞応三年（一二二四）というのは、十一月二十日、元仁元年と改元（年号を改めること）された年である。親鸞五十二歳にあたり、『教行信証』を書いていたころだ。法然の十三回忌にあたっており、末娘の覚信尼も生まれる、という、親鸞にとって思い出多い年だった。

しかし、この年、五月、比叡山より六箇条の専修念仏弾劾《だんがい》(罪を公《おおやけ》にし、責めたてること)の上奏文が朝廷に出された。比叡山を脱出して、専修念仏集団にはいった経歴をもつ、親鸞の身辺には、一段と雲ゆきがあわただしくなったとおもわれる。三年後の嘉禄三年（一二二七、親鸞五十五歳）には、専修念仏集団にとって、もっとも侮辱的な事件が爆発した。比叡山の荒法師《あらほうし》（堂衆《どうしゅう》）たちが、東山大谷にあった法然の墓堂《ぼどう》をおそった。堂をメチャメチャに破壊し、墓をあばいた。死者、法然の骨を恥ずかしめようとしたのである。自ら僧侶を名乗り、死者の魂を救うと称するかれらが、いかに体制側にあって堕落しぬいていたか。権力の手の中にあって、人間の魂の尊厳をまったく忘れ去っていたか。それをハッキリしめした事件といえよう。かろうじて法然の骨は、弟子たちが直前に掘り出して他へうつしたという。しかし、この事件が親鸞の心の底にいかに深い衝撃《しょうげき》と怒りを与えたか。わたしたちはこれをどれほど深刻に考えても、考えすぎることはないであろう。

しかも、このことによって、とがめられたのは、比叡山の荒法師たちではなかった。法然の骨をあばきたいほど、比叡山の深い憎しみを買った、被害者、専修念仏集団のほうを朝廷はさらに罰した。その「張本《ちょうほん》」として、親鸞の尊敬した隆寛《りゅうかん》や空阿弥陀仏《くうあみだぶつ》、一念義の主唱者幸西らを島流しにしたのである。

親鸞の著作に『尊号真像銘文《そんごうしんぞうめいもん》』というのがある。高田専修寺に親鸞の自筆本（八十六歳）が伝わっている。その中で、法然の死んだ建暦二年（一二一二、親鸞四十歳）の三月一日に（法然の死んだ一月二十五日より一月あまり後）、法会《ほうえ》がいとなまれたらしく、そのときの追悼《ついとう》の賛文《さんもん》がのせられている。その賛文の作者は「四明山権律師劉官《しめいざんごんりつしりゅうかん》」と書かれている。「四明山」は比叡山のことであり、「権律師」は役職の名だ。ところで「劉官《りゅうかん》」とは、明らかに「隆寛」のことだ。隆寛自身が中国ふうに書いたとも考えられる。しかし、賛文への注釈が目的のこの本に、親鸞がいっさい「劉官とは隆寛のことだ」といっていないことからみると、島流しにされた隆寛をはばかったのであろう。

弾圧と帰京

これによってわかることは、隆寛が京都での法然追悼法会の中心にいたこと、法然の弟子親鸞も、それを認め尊重していたことだ。その隆寛が島流しにされたあとの京都に親鸞は帰った。そして毎月の法然命日の法会（二十五日）のささえ手となっていたようすが、親鸞の手紙によって、知られるのである。

してみると親鸞が京都へ帰ったことについて、さらに新しい見方がされねばならないとおもう。親鸞は東国の弾圧をのがれて京都へ帰ったのではない。嘉禄の弾圧の後、荒廃しつつあった京都の専修念仏運動、その中へ親鸞は帰ったのである。そして毎月の法然命日の法会を中心に、専修念仏の火を都の中にけっして消さない運動の、一働き手となったのだ。

東国の親鸞集団は性信・真仏たちがすでにささえていた。自分がしなければならないことは、京都での任務だ。親鸞はそのように考えたにちがいない。

ある人は、親鸞は『教行信証』を書きに京都へ帰った、という。――ちょうど現代の学者が、出版社に頼まれた原稿を書くために軽井沢に行くように。ある人は、親鸞は東国の弾圧を避けて京都へ帰った、という。――ちょうど戦争中の転向マルキストたちが、住み心地のましな田舎の故郷へ帰ったように。

そのような親鸞から、わたしたちは、あんなひびきを聞くだろうか。晩年の手紙や『歎異抄』の中の澄んだひびき。思想とは、そんなにごまかしのきくものではない。そんな親鸞が、『教行信証』の中に「承元の奏状」を変えずにおき通すだろうか。自分の行動がヒヨッテ（本質を妥協して）いることを忘れ去って。確かに、ここ京都は、はなやかな戦場ではない。法然の墓のあばかれた、嘉禄の追憶はあまりにも生々《なまなま》しい。親鸞は毎月二十五日の命日の法会のたびごとに、その痛憤の日をおもい浮かべていただろう。さらに賀茂川の流れを見るごとに、住蓮・安楽の死にざまを、今日のように眼前に見ただろう。住蓮・安楽の死んだ土地に、親鸞は、今、帰ってきたのだから。親鸞は、生涯の著作『教行信証』を〝生きている住蓮・安楽〟として書いただけではない。同時に、〝生きている住蓮・安楽〟として、京都に帰ってきたのである。むろん、朝廷や比叡山の目は、たけだけしく光っており、その膝もとで、必ずしもはなばなしい動きはできなかった。

しかし親鸞はここ（京都）にいた。若い日、中年の日にもまして、とぎすまされた専修念仏者として、ここにいた。このように今、自分が、ここにいることを、法然聖人がわたしに命じているのだ。そのように親鸞は考えていたにちがいない。なぜなら、親鸞は自分の唯一《ゆいいつ》のよりどころである魂の声を忘れて、自分の日常の生活をおくることなど、けっしてできはしなかったのだから。

分裂の中の悲劇

——建長の弾圧と親子の義絶——

建長の弾圧

建長年間（一二四九〜一二五六、七七〜八四歳）、東国の親鸞集団に対し、大きな嵐《あらし》がおそってきた。

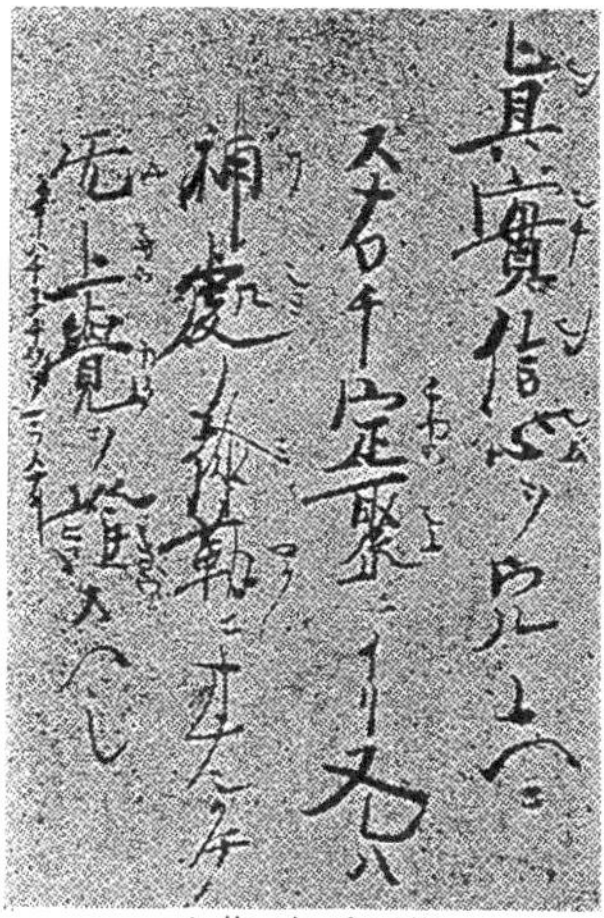

正像末和讃
（高田専修寺蔵）・親鸞真筆

後に編集されたとおもわれる各種の書簡集（善性本《ぜんしょうぼん》消息集・親鸞聖人御消息集・末燈鈔）の中にも、この事件のあとは、ありありとのこっている。では、どのような嫌疑《けんぎ》が親鸞集団に向けられていたのだろうか。

第一に、アミダ仏以外の神々や仏たちを軽んずる、という非難だ。これは専修念仏運動に対しては、いつも向けられている矢だ。なぜなら、日本の体制的信仰は神々と仏たちの連合によって作られていたからである。この「神仏習合」と呼ばれる、日本独特の宗教の形について考えてみよう。

かつて天皇家の祖先は、武力によって日本を統一した。「神武東征説話」の物語るように。そのあとで、権力による信仰の統一がはじまった。日本列島に数多くあった、部族、部族の祖先神信仰の数々《かずかず》を、天皇家の祖先神信仰へ統合してしまったのである。梅沢伊勢三によると、『古事記』・『日本書紀』の神話の中には、「幾種類もの太陽神」の名まえが隠されているという。それが話のすじでは、「天照大神」一本に強引にまとめ上げられているのである。

やがて、仏教もまた、天皇家を通じて日本にはいってきたものが、メイン－コース（中央路線）となった。中央の権力によって受け入れられ、そこから奨励《しょうれい》された仏教は、どのようなものとなるか。当然、国家と天皇たちの繁栄を願うための「魔術」となった。民衆のほうから見上げると、天皇や貴族は、神々や仏たちの後光《ごこう》を背にして立っている、という仕かけである。このような体制的思想からみると、鋭く「アミダ仏への信仰のみ」を突き出す専修念仏運動は、危険であった。民衆たちに「絶対」を手に入れさせてはいけないのだ。

第二に、専修念仏者は、国家や天皇たちに対して、どういう立場をとるのか、という責めだ。古い仏教は、天皇たちの繁栄を祈る、という奉仕を一大目的としている。「鎮護《ちんご》国家」というスローガンがそれだ。これに対し、専修念仏者は、天皇や国家のために、いったい、どんな役にたとうとするのか。天皇の支配のもとで生きるには、この答えをせずにはすませないぞ、という、上からの問いつめである。律令体制の中では、いつも僧侶たちを、このような目で、とりあつかってきた。古い仏教は、それに従順に従ってきた。だから、専修念仏運動に対しても、この問いと責めが向けられるのは、当然なのである。

このような体制側の問いに対して、親鸞集団はいかに答えるべきか。東国の弟子たちは、京都の親鸞に質問してきた。親鸞はつぎのように答えた。

第一、「専修念仏者は、アミダ仏だけを信ずればよい。そうすれば、神々もこれを守るだろう。仏たちも喜びたまうだろう。だから、わたしたちが神々や仏たちを軽んじるとの非難など、とんでもないことだ」と。このように、神々や仏たちを専修念仏に従属させる論理で、体制側の古い仏教思想の持ち主が満足したかどうか、おぼつかない。ただ、親鸞はいいたかったのだ。「自己の信ずるところをつらぬこうではないか。そうすれば、運命はわたしたちを守るだろう」と。これは、弾圧の中で鍛えられた老人の、ふてぶてしい直観である。

第二、これは、「護国思想」の問題として、敗戦後の親鸞研究の出発点となったものだ。だから、そのもととなった、親鸞の手紙を長文訳してみよう。東国の中心の弟子、性信にあてたものだ。

護国思想の問題

「母・姉・妹など、いろいろといわれることは、過ぎ去った話（ふるごと）です。そうだからといって、朝廷が（承元のとき）念仏を禁圧されましたが、その結果、世にも変わった事件（承久の変で後鳥羽・土御門・順徳の三上皇島流しになったことをさすといわれる――古田）が起こりましたので、それにつけても、念仏を深くたのんで、世のいのりに心をいれて、念仏しあわれるのがよいとおもわれます。あなた（性信）の御手紙のようす、鎌倉にさしだされた陳状《ちんじょう》（相手の訴えに答える訴訟の文書）は全体として、よく処理してくださいました。うれしくおもいます。

詮《せん》じつめたところは、あなたにかぎらず念仏をするような人々は、自分のためはおおもいにならなくても、朝廷（朝家）のため、百姓（国民）のために、念仏をしあわれるならば、めでたいことでしょう。自分の往生（救済）に確信のもてないような人は、まず自分の往生をおもわれて、御念仏なさるのがいい。自分の往生に絶対の確信をおもちになるような人は、仏の御恩をおもわれるなら、そのときに、御報恩のために御念仏をこころにいれて唱えて、世の中がやすらかにおだやかであるように、仏法がひろまるように、とおおもいになられるのがいい、と心からおもいます。

よくよくお考え下さい。このほかに別の御処置があるだろうとはおもいません。」

イエスは「わたしが来たのは、人をその父より、娘をその母より、嫁をそのしゅうとめより、切り離つためだ。人の敵は、その家族であろう。」（マタイ伝、十章）といったという。

家族は体制の中にいる。思想が体制に刃向《はむか》うとき、まず激突するのは家族だ。家庭の平和なのだ。

性信をいちばん近くで苦しめていたのも、性信の母・姉・妹たちだった。かれらは、法然上人をはじめ、親鸞やその同志が、承元の弾圧でどんなひどい目にあったか、考えてほしいと性信にいったのである。性信はそれを親鸞になげいた。

しかし親鸞はすでにその事件をのりこえてきていた。流罪にされた自分のほうは、今、かつての幾層倍も信仰にかがやいている。これに反し、あのときの弾圧者は、天皇・上皇の身でありながら島流しにされて、助ける者とてない。だから、承元の大弾圧の記憶は、わたしたちをひるませるものではない。逆に、深い、どうしようもない信念を植えつけるものだ。それにつけても支配者たちが、ふたたびあのような非道におちいり、自分の悲しき運命をまねかぬように、わたしたち専修念仏者は、祈ろうではないか、と親鸞は性信に告げるのである。

このことばの背後には、法然の命日、毎月二十五日の法会をささえていた親鸞の実践がある。それは、専修念仏を迫害したり弾圧したりする人々のための、念仏であった。体制側の古い仏教の側の、目の光り、牙《きば》のむかれたまったただなかの京都でも、それは行なわれていたのである。親鸞は、そのささえ手のひとりだった。親鸞は、この法然命日の念仏の意味について、別の、性信あての手紙で力説している。

このようにしてみると、「詮《せん》ずるところは」以下の、問題の文章の意味は明らかだろう。

「朝家の御ため、国民のために、念仏をまふしあはせたまひさふらはゞ、めでたふさふらふべし。」

一言でいえば、現在、「国民」は体制の中にある。「朝家」は専修念仏集団を弾圧し、迫害し、疎外《そがい》（人間を人間らしさから遠ざけること）している。しかし、それは、かれらの悲しき運命を自らまねくものにすぎぬ。はやくすべての人々が、その非道を知り、専修念仏集団に帰入するようにして、ミダの救済にあずかるように祈るのが、わたしたち専修念仏者のつとめだ、というのである。

そして、これをささえる論理が「三願転入の論理」である。専修念仏親鸞集団の中にも、二種類の人々がいる。「往生を不定《ふじょう》におぼしめさん人」と「わが御身の往生を一定《いちじょう》とおぼしめさん人」とである。「不定」の人々とは、自力念仏の人々だ。専修の門にはいりながら、いまだ自力の目で念仏を見ているから、絶対の確信がわいてこないのである。その人々は、まず弾圧があればあるだけ自分の往生の問題にとりくむべきだ。しかし、ミダの自然の力によって、第三の境地、「金剛信心」の立場に到達した人は、ちがう。もう、その人にとって、弾圧もこわくない。どんな迫害も疎外もおそれないはずだ。だから、弾圧や迫害があればあるだけ、そのような非道の人々のために、その人々が専修念仏に一日も早くはいるように、祈るばかりだ、というのである。

服部之総の投じた石

しかし敗戦後の親鸞研究は、このように明白な道理をつかむまでに時間がかかったのである。論争の第一石は、「明治維新史」研究のマルクス史家、服部之総が投じた。服部は真宗のお寺の出身者として、子どものころから例の一句に悩まされた。「朝家の御ため、国民のため」の一句だ。「親鸞聖人は、このように深い愛国心、あつい皇室尊崇の心をもっておられた。本願寺教団は、はじめから忠君愛国の念仏をすすめてきたのだ。」と宣伝されていたのである。江戸時代には、本願寺教団は幕府に忠節を誓っていた。それを幕末以後､天皇体制への服従に切りかえるには､この一句が「わたりに舟」だったのだろう。しかし、このことばの切り売りの価は高価だった。津々浦々に展開された、村々の真宗坊主の説法は、日本の青年や中国の人民の血を中国の村々の侵略された黄色い土に、しみこませてゆくのに協力したのである。「あのころは、だれもそうだった」という人に対して、わたしたちは首を横にふる。なぜなら、「だれもそうだった」ことに正面から斗いをいどんだのが、ほかならぬ親鸞の一生だったからである。

服部のうらみは、この一点から出発した。かれの名著『親鸞ノート』は、親友、三木清への追憶の文を最初にのせている。三木は、特高（旧警察制度で、政治思想関係を担当した。特別高等警察）のため投獄されて、敗戦直後、牢獄の中で死んだ。獄中の絶筆『親鸞』をのこして。その遺志を服部がついだのである。服部は、例の一句を「反語」だと考えた。服部が親鸞の手紙の中に見いだした人間は、反権力、人民の思想家親鸞だった。その親鸞が天皇たちにおべっかをいうはずがない。この感覚の方向は基本的には正しい。しかし､「朝廷や国民のために念仏するなんてのは、おめでたいやつだ。」という、服部の解釈となると、一見、痛快ではある。しかし、残念なことに､親鸞固有の論理が無視されている。「めでたし」ということばを､現代ふうに、「おめでたいやつだ」という意味にとろうとしても、肝心の親鸞の全文献中、そのような用法が存在しないのだ。

この点を突いて服部の前にたちふさがったのが赤松俊秀だ。例の一句が「反語」でないことを説いた赤松が、代わって描き出した親鸞像。それは「念仏を通じて自他上下が一つに結ばれる」と考え、「自他の融合」

のみを考えていた、という、まことに〃温厚《おんこう》なる〃親鸞だ。この親鸞は、生涯を通じて『教行信証』の中に「承元の奏状」をつらぬき通した親鸞とは別人だ。人間は、無意識のうちに、おのれに似せて、他《ひと》の肖像画を描くのである。

この問題について、河田光夫に「念仏弾圧事件と親鸞」（『日本文学』一九六七・七・十月号）という、みごとな研究がある。言語文法の側面から、この問題を分析したものだ。思想の面においては、この本の終わりの「逆謗闡提《ぎゃくぼうせんだい》」の章。そこで、わたしたちはこの問題の全真相をつかむであろう。

性信の『血脈文集《けつみゃくもんじゅう》』

これまで考えてきたのは、専修念仏集団全体の問題だ。しかし、とくに親鸞集団におそいかかっていた問題はなかっただろうか。昭和四十年、この問題を知るのに絶好の史料が発見された。性信が建長の弾圧関係の資料を自分で編集した、『親鸞聖人血脈文集』である。もちろん、この本の名まえはこれまでにも知られていた。内容も、『恵空《えくう》本』『専琳寺《せんりんじ》本』『上宮寺《じょうぐうじ》本』という古写本によって、一応はわかっていた。しかし、これは後世の性信系集団（横曾根門徒《よこぞねもんと》）の人が、性信の名をいつわって作った偽作文書だ、というのが学界の「定説」だった。事実、その内容は複雑というより奇怪だった。同じ文面がダブって並んでいる。おまけに、「法然―親鸞―性信」という「三代の伝持」がれいれいしくかかげてある。偽作だと疑われたのも無理はない。しかし、こんなわかりにくいものを作るなんて、よっぽど〃要領の悪い〃偽作者ではないか。わたしは、そこに、何か真の問題が隠されているのを感じた。

そこで、全国各地に、『血脈文集』の古写本を捜しはじめたのである。

そして、そのある日、京都の、大谷大学図書館をたずねたのが、昭和四十年の初夏のことだった。見せてもらおうとしたのは、『恵空本』だった。ところが、館員の方は捜しあぐねて、いくつかの古写本を出してこられた。それらをパラパラとめくっているうちに、わたしをハッとさせた古写本があった。これは、これまで、まだ学界に紹介されたことのない本である。しかし、驚くべき内容をふくんでいた。むろん、室町以後の古写本だ。しかし、その書写原本（この古写本を写すときの、もとの本）は、性信の自作・自筆本だったのではないか、とおもわれるほど生々しいのだ。表に「蓮光寺蔵」と書かれていたので、わたしはこれを『蓮光寺本』と名づけた。

それは三つの部分に分かれていた。

四つの手紙

第一部には、親鸞の四つの手紙が収録されている。

その第一の手紙は、「かさまの念仏者のうたがひとわれたる事」という標題をもつ（現在、東本願寺に親鸞自筆本が存在する）。この手紙の最後は、「これはけっして、性信坊・親鸞がかってにいうことではありません。ゆめゆめ。」ということばだ。性信は、これによって、親鸞と自分が一体であることを、親鸞集団内部にしめしたのである。

第二の手紙は、後に述べる善鸞事件に関するものだ。親鸞集団をかきみだした善鸞を義絶することを性信に通告したものである。

第三の手紙は、弟子の慶西《きょうさい》にあてられている。慶西は、「アミダ仏の姿が、死ぬ時にあらわれること(来迎《らいごう》)をねがう」という、古い念仏思想にたっていたようである。これを親鸞は否定している。東国の、古い念仏信仰の地盤の中から、新しい親鸞集団は生《お》い出でた。そのため、古くからの純化されない思想がふくまれていた。それが外からの弾圧にさいして、内側から分裂を引き起こす原因となっていたのである。

第四の手紙は、建長の弾圧事件の落着を親鸞がよろこんだものだ。性信がみちびき手となって勝ちとった結末に、親鸞が満足していることを、親鸞集団の人々に知らすものである。

このように四つの手紙は、偶然収録されたものではない。いずれも建長の弾圧直後の、なお動揺と深い傷跡をのこした親鸞集団に対し、必要適切な四つの手紙がそろえられた。それゆえ、これは単なる「記録」のための編集ではない。「弾圧と分裂に対する武器」としての編集なのである。

善信と親鸞の同一証明

第二部は、これまでいちばん不思議がられていた部分だ。同文や同語の重複が多いのだ。しかし、これも『蓮光寺本』の出現で一挙に解決した。性信が親鸞の自筆文書や、京都からの、ある人の手紙や、『教行信証』の一部の証拠資料をとじこんで、それに短い解説の文をつけているのだ。それが後世、のっぺらぼうに通して写されたので、何とも変てこな連《つら》なりに見えていたのである。そういう編集で、性信は何をしようとしたのか。それは奇妙なことに「綽空―善信―親鸞」という三つの名まえが同一人物だ、ということの証明なのだ。変名した人物の名を追って、その同一性を証拠だてる、などというのはスリラー小説もどきだ。なぜ性信は、こんなことをしなければならないのだろう。それは、ほかでもない。法廷で客観的に証明するためなのだ。ということは、世間で、このことに疑問がもたれていたのだ。つまり、ズバリいえば、こうだ。吉水時代、法然の弟子に「綽空―善信」という人物はいた。しかし、今、東国にいるような、「親鸞」などという人物はいなかった。かれが自分を、法然聖人の弟子だ、というのは、いつわっているのだ、という非難があったのである。このことは、相手側に、吉水時代の法然集団にくわしい人物がいたことをおもわせる。いわば吉水門下の親鸞「仮空の人物」説は、明治の研究界を待たずとも、すでに親鸞の生前中に存在したのだ。『吾妻鏡』によると、鎌倉幕府は民間の集団に対し、「父祖三代にわたる身元証明」を課していたのである。これも、その線上での追求だとおもわれる。

しかし、問題は、法然と親鸞の関係の実在性を証明しただけで終わるのではない。そのとき、ただちに、「それでは、親鸞は、法然門下の過激派善信のことではないか。かれのような悪行の弟子のために、法然上人も責任をとって流されたのだ。」という非難がおそいかかるのである。すなわち、そのような「悪行の弟子」に率いられた親鸞集団は、権力の手による非情な裁《さば》きの場へ引き出されるのである。

分割支配の論理を打ち破る

地方の実情に通じていた鎌倉幕府は、巧妙な「分割支配の論理」をうちたてた。一般の念仏者を禁止するのではない。女人を近づけたり、魚鳥を食うような、「悪行」の念仏者だけをとりしまるのだ、というのである。尼将軍政子の追悼のための一切経書写のために、北条の邸で魚鳥をふるまっていたことにはロをぬぐって。ほんとうのことをいっていては、支配者になどなれない。すべては「民衆を分割させるための手段」なのだから。

親鸞は、このような真相を見ぬいていた。それで性信への手紙の中でいう。

「大体、この訴えの問題は、あなた（性信）ひとりのことではありません。すべての浄土の念仏者のことだ。」と。

承元の弾圧のときもそうだった。法然門下の過激派だけを罰するのだ、と権力者はいったのである。民衆の側から、「わたしたちは、あんな過激派とはちがいます。かれらを罰するのはいいが、合法的なやり方のわたしたちは罰しないで下さい。」という、したり顔の声を出させるように。かれらは、自分の、のどにまかれたつなを自分でしめている。支配者の「分割の論理」に協力することによって。

性信は、このような支配者の裁きの場に立たされていた。それゆえ、親鸞の『教行信証』末尾の文を引き合いに出して、法然と親鸞との密接な結びつきを証言しなければならなかった。『教行信証』もまた、弟子たちによって、じっさいの、「思想の斗いの武器」として使われていた、ことが知られるのである。

生きながら仏《ぶつ》に ひとしきわれら

第三部は、「金剛信心の事」と題する、親鸞の「法語」だ。かれが「三願転入の論理」の第三段階の境地をしめしたことばだ。「この金剛信心をもった人は、生きながら、すでに如来（仏）と等しい」という力強い文句で、この「法語」は結ばれている。すでに人間が自己の中にもっている絶対の精神を、高らかに宣言したことばだ。性信は、弾圧の嵐にうちかつ一語をこのことばに見いだした。これを親鸞集団の人々にしめし、「金剛信心」をもつ人は、どの人もすべて、「法然―親鸞」と受けつがれた法の「血脈」を受けつぐ者である、というのが性信の編集の意志だった。善鸞のように、「血縁の権威」を主張する者のために、かきみだされた親鸞集団をふたたび大いなる一致へとみちびこう。これが性信の、『血脈文集』編集の精神なのであった。

性信の人間像

わたしたちは、この『血脈文集』によって、性信の人がらを知ることができる。かれの文章は短い。素朴だ。しかし、複雑な現実の急所を突く、論理的な編集。自分を、集団のうえの高い位置におかず、「対等な人間同志」という一点を守りぬく、強い意志。これは、東国親鸞集団のみちびき手にふさわしい。さすがに親鸞の深く信頼した人、性信だ。これを確認できたことだけでも、わたしは、『血脈文集』の原形を見いだしたことに深い満足をおぼえたのである。

横曽根・報恩寺
（性信の跡をうける）

蓮光寺本発見の糸口

この部分に奇抜なエピソードがある。『蓮光寺本』発見の糸口となった箇所だ。実は、これまでの『血脈文集』の古写本の中央部分に

「建保四丙歳七月下元日奉レ令レ書レ之」
(建保《けんぽ》四丙歳《さい》七月下元《かげん》の日、これを書かしめたてまつる)

という奥書《おくがき》(文書《もんじょ》の最後につけた作者の文。日付署名など)めいた一行がふくまれていた。ところが、これがだれの文章だかさっぱりわからないのである。この前に「法然—親鸞—性信」の「三代の伝持」がれいれいしくかかげてあるところから、性信の文章(の偽作)とみられていた。しかし、どうも、それにしても解《げ》せない。そういう疑いをもっていたわたしが、最初に『蓮光寺本』をパラパラめくってゆくうち、突然、わたしの目に飛びこんできたのは、つぎのような、変てこな文面だった。

> 建保四子歳七月下元日奉書之
> 金剛信心事　愚禿親鸞信心ヲエタルヒト(以下省略)

左側の行の「信心ヲエタルヒトハ……」以下は、親鸞の手紙(法語)だ。これに、編集者(性信)が「金剛信心事」という標題をつけたのだ。ところが、そのつぎの「愚禿親鸞」とはいったい何だろう。どこからまぎれこんだのか。「信心ヲ」以下の文章には、こんなことばはいっさい出てこない(末燈鈔第三通にも同じものがのっているから確かめられる)。では、右側からまぎれこんだのだ。……その瞬間、わたしは、いっ

さいの真相を了解した。『蓮光寺本』の写し手が見ていた、「原本」は、こうなっていたのだ。

「建保四子歳七月下元日奉書之
金剛信心事　愚禿親鸞
信心ヲエタルヒトハカナラス正定」（以下省略）

この、∧金剛信心事∨という標題は編集者（性信）があとから書き加えたものだ。「愚禿親鸞」の真上に。そこで無邪気な『蓮光寺本』の写し手は、「金剛信心事　愚禿親鸞　信心ヲエタルヒトハ……」と、ひといきにつづけて写してしまった。これが混乱のもとだ。あとの写し手（『恵空本』など）は、この文中の「愚禿親鸞」を何かのまちがいだ、とおもい、これをカットして写した。「意味不明」なままで写すのは、「写し手」の「識見」にかかわるからである。それからあとがたいへんだ。右側の「建保四子歳……」の書き手がわからなくなった。きっと性信だろう、と考えて、それにつじつまをあわせて、文章を「改正」した。『専琳寺本』の写し手は、

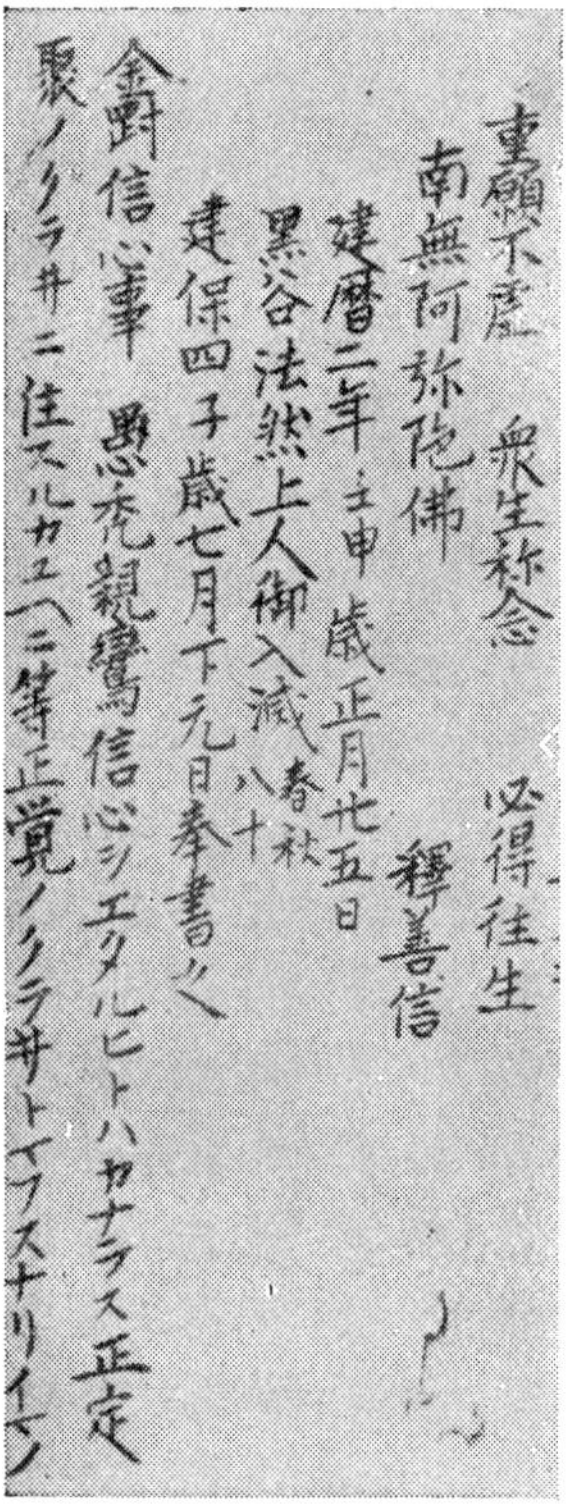
重願不虚　衆生称念　必得往生
南無阿弥陀佛　釋善信
建暦二年壬申歳正月廿五日
黒谷法然上人御入滅　春秋八十
建保四子歳七月下元日奉書之
金剛信心事　愚禿親鸞信心シエタルヒトハカナラス正定
聚ノクラヰニ住スルカユヘニ等正覚ノクラヰトマフスナリ

『血脈文集』（蓮光寺本）

「法然—親鸞—性信」の「三代の伝持」をあらわすように、「改正」の手を加えたのである。明らかに「写し手」としての役割をのりこえて、横曾根門徒の正統性を「証明」するために。

　これが、現代の学者をまどわせる原因となったのである。「原本」の文字を、一字一句でも、みだりに「改定」してはならぬ、という、これはよい見本だ。

善鸞義絶

　親鸞が建長の弾圧の中で経験した、あまりにも悲しい事件について、わたしは触れねばならない。建長の弾圧事件は、奇妙な形ではじまった。建長のころ、（建長元年〈七十七歳〉〜八年〈八十四歳〉）東国から、親鸞の息子善鸞が、親鸞集団の中に起きている動揺について報告してきた。それによると、性信をはじめ、真仏・入信といったおもだった弟子たちが正しい信仰から離れて動揺している、というのである。親鸞はこれを聞き、悲しんだ。「今は他《ひと》のことなどいってはなりません。自分のことをよくよく考えなさい。」と、善鸞に書きおくっている。

　しかし、ほんとうの事件は、そのあとに起きた。つぎつぎと東国の門弟からよせられてきた手紙。事実は、善鸞の報告と正反対だった。善鸞が、親鸞集団のみちびき手たちを中傷し、集団を自分の支配下におさめようとしていたのである。そのうえ、継母《ままはは》の恵信尼のことまで、悪《あ》しざまに他にののしっていた、というのだ。前に一度触れた「善鸞義絶状」によると、善鸞はつぎのようにいっていたのである。

「わたし（善鸞）は、新しい教えをもってやってきた。それは、みんながこれまでわたしの父親鸞から聞いたものとちがう。しかし、今、わたしがいっているのがほんとうの、父の教えなのだ。なぜなら、この新しい教えは、父が夜、わたしひとりに教えてくれたものだからだ。」

「悪いのは、まま母（恵信尼）だ。上流社会にいたのに、あのまま母がだましてしまったのだ。」

「これまでミダの願いの中心として、十八願を信じてきたが、あれは父の真意ではない。かつてはさかえていても今はしぼんだ花のようなものだ。こんなものにいつまでも執着してはいけない。捨て去ろう。」

また、真浄房《しんじょうぼう》（ある本では、真仏《しんぶつ》）あての手紙では、

「これまでのように、社会的に実力のない者同志で信仰していたのでは駄目《だめ》だ。集団外の、信者以外の人でも、いい。社会的地位のある有力者に縁《えん》を結んで、その保護の中で布教するように改めよう。これも父の新しい教えだ。」

と、いっていたという。驚くべき話だ。およそ親鸞とは、まったく面目《めんもく》を異《こと》にした教え。それが「父の権威」のもとに語られる。親鸞も、はじめは事実とはおもえなかっただろう。しかし、つぎつぎやってくる門弟たちの手紙。やがて善鸞自筆の手紙さえ証拠としてとどけられるにおよんで、親鸞は決意した。〝親鸞の子として自分を権威づける〟ことを善鸞に許してはならぬ、と。

専修念仏運動の火を守るため、親子義絶状をしたためたのである。

「今は、わたしを親ということがあってはならない。わたしが子と思うことをおもいきった。仏や神（三宝・神明）の前にいいきってしまった。かなしいことだ。」

「かなしきことなり」ということばに無限の思いをこめた親鸞は、さらに真浄房あての手紙に、つぎのように書いた。

「善鸞がいうことによって、ひとびとの日ごろの信心がたじろぎあうて、いらっしゃいますのも、おしつめてみれば、ひとびとの信心がまことでないことがあらわれたのです。よいことなのです。」

「よきことにてさふらふ」この一語の中には、弾圧の生涯の中で鍛えぬかれてきた老人の魂が、ぬりこめられている。奥深い、屈することを知らぬ魂が――。

それにしても、どうしてこんなことになったのだろう。親鸞はだまされやすかったのだろうか。そうだ。純粋な精神は、単純だ。だまされやすい。ただし、はじめのうちは。しかし、結局いちばんだましにくいのだ。なぜなら、だまされるのに協力しないから。時がくれば、目先の得になろうと、損になろうと、すべてをうち捨てて、決断するのである。

それにしても、どうしてこんなことが起こったのだろう。善鸞にとって、親鸞との「血縁」関係が誘惑の種になったのだろうか。そうだ、階級社会では、「血縁」が特権をうむのである。これに対し、性信が『血脈文集』で明らかにしたように、ほんとうの「血脈」とは、血縁のことではない。「金剛信心」をもった人は、すべて「法然―親鸞」と受けつがれた「血脈」をもつ人なのである。善鸞事件の動揺の後、親鸞集団は、「善鸞」を否定する精神を確認した。親鸞が「よいことだ」といっているように。「善鸞」とは、血縁の権威を誇る精神である。たとえ、それがいつの時代であっても。

本願寺教団は、親鸞の血統を受けつぐ人を「法主《ほっす》様」として尊崇する。しかし、親鸞と根本の親鸞集団の精神からすれば、「血縁の権威」を誇ろうとする者は、すなわち、現代の「善鸞」なのである。生きた親鸞と死んだ権威とを、同時に愛することはできない。

金剛信心を守り、弾圧者のために祈れ

逆《ぎゃく》謗《ぼう》闡《せん》提《だい》　わたしたちは、今、親鸞の思想のもっとも深い海へと降りてきた。そこは「逆謗闡提」の大海である。この大海にいたり着くには、しばらく「術語」の小川をくだらねばならぬ。

「逆謗闡提」——このむずかしいことばは、「五逆《ごぎゃく》」と「謗法《ぼうほう》」と「闡提《せんだい》」という三語を、一つにまとめたものだ。

「五逆」とは、仏教でいちばん憎まれている、五つの罪。その五つの中味は、あとでくわしく述べよう。

「謗法」とは、正しい仏法を非難し、攻撃すること。これは、「五逆」以上の、極悪《ごくあく》の罪悪とされた。

「闡提」とは、正しい仏法を信じないものである。いちばん大事なものは「信心」だ。その「信心」を、いっさい、もたない人だから、「どうにも救いようのない人々」の意味となろう。

この「逆謗闡提」は、大乗仏教の各派では、いつも、いちばん大きな課題の一つとなってきた。なぜかというと、大乗仏教とは、「すべての人々を救う菩薩《ぼさつ》の道」をスローガンとする。「菩薩」とは、自分のさとりよりも、すべての人々への愛、のほうを重んずる人のことなのである。

「逆謗闡提」もまた、救われるのか。この問いの答えは、一応簡単だ。なぜなら、「正しい仏法を信ずることによってのみ救われる」という「すじ道」からすると、明白に「ノウ！」という答えが、はねかえってくるからである。

しかし、逆に、すべての人々のために、という大乗仏教の「本来の精神」からいうと、これでは困る。この二つの答えのくいちがい——これが大乗仏教各派にとって、逃げることのできぬ壁だった。

それゆえ、これに対する答え方によって、各派の、物の考え方を測定することもできるのだ。一種のリトマス試験紙である。実は、この問題への答えは、同じ浄土教経典の中でも、くいちがっている。大無量寿経は、「逆謗」の救済を拒否する。

第十八願に

「ただ、五つの悪逆を行なう人々と、正しい仏法をそしりののしる人々だけは、救済からのぞくこととする。」（唯除五逆誹謗正法）

とある。だから明白である。観無量寿経は、「五逆」は救済される、と説き、「謗法」を救済から除く。阿弥陀経は、いっさい、この問題に触れない。

このようにみてくると、三つの経典の思想性格は明白にちがう。なんら不思議ではない。三つの経典をうみだした、三つの集団の思想性格はそれぞれちがっていた。それは、その三つの集団をつつんでいた、社会環境・思想環境のちがいにもとづくのである。

この点、わたしたちは、つぎの事情を参考としよう。

ヨーロッパで、近世になって、「宗教の自由」という考え方がうまれたのは有名だ。しかし、その実体は、新教と旧教というキリスト教内の、宗教の自由だった。キリスト教以外の宗教の、自由など、いっさい考えられなかったのである。その証拠に、この考えのもととなったロックの「寛容についての手紙」には、「神を信じない者」は別だ、とハッキリいっている(これは仏教流にいうと「闡提」だ)。かれらには、「寛容」も「自由」も許すべきではない、というのだ。ロックの生きた時代のヨーロッパは、いわばキリスト教の「単性」社会となっていた。キリスト教以外の宗教（たとえば古代ゲルマン信仰）は徹底的に破壊され、武力で排除されたあとだった。

このような社会環境、思想環境を背景にして、ロックは、「神を信じぬ者」を除外したのである。

この思想史上の例からみると、大無量寿経をつつんでいた社会環境・思想環境にも、「逆謗を除く」と書かねばならぬ、明白な理由があったのだ、と考えてまちがわないだろう。

このように、経典の生《お》いたちを科学的に研究する者にとって、これは興味深い問題だ。しかし、信仰の立場からそれをみる者にとっては、苦しい問題だ。親鸞たちの苦闘も、そこからうまれた。

逆謗闡提の歴史

わたしたちは、まず親鸞より前に、このことばがどのように使われたかをみてみよう。

延暦《えんりゃく》寺の天台宗を開いた最澄。延暦二十四年、かれは中国から帰ってきた。やがて、古い仏教者に猛烈な論争をいどんだ。『守護国界章《しゅごこくかいしょう》』『法華秀句《ほっけしゅうく》』などというのが、そのときの論争記録だ。その焦点は、「闡提も救済されるか、どうか」という問題だった。最澄は、「一切有情悉皆成仏《いっさいうじょうしっかいじょうぶつ》」（すべての人々は、みな仏となる）という立場から、「救われる」と主張した。その中で、最澄と論敵はお互いに、相手に対し、「謗法者《ぼうほうしゃ》」（正しい仏法をそしり滅《ほろぼ》すもの）という名まえを投げ合っている。

こういう眼前の相手、眼前の行為に対し、「逆・謗・闡提」の名を投げつけるやり方は、平安時代の古文書類にもたくさんのっている。

有名な平家物語でも、源氏に捕われた平重衡《たいらのしげひら》は、かつて自分が奈良の般若《はんにゃ》寺などを焼いた行為を、「逆罪」として、法然の前に懺悔《ざんげ》する。このころの常識をしめす逸話だ。現実の人間の、現実の行為をさして、生々しく「逆・謗・闡提」ということばは使われてきたのである。

親鸞の逆謗闡提観

親鸞も、その点、同じ時代に生きていた。『教行信証』の眼目ともいえる、「信巻」の結びに、親鸞は、「五逆」について述べている。

第一は、故意に（過失でなく）、父を殺す。第二は、故意に、母を殺す。第三は、故意に、僧を殺す。第四は、あやまった心で、和合した僧侶の集団を破壊する。第五は、悪い心をいだき、仏の身から血を出す。

このような趣旨を、いくつかの経典、注釈からの引用の形で述べているのである。これは、具体的に、だれの、どのような行為をさしているのだろうか。第四につき、薩遮尼乾子《さっしゃにけんし》経という経典から、引用したつぎの文句が書かれている。

「いっさいの僧侶や、戒めをもつもの、戒めをもたぬもの、戒めを破るもの、これらの人々を打ちののしり、責めつけ、かれらの咎《とが》を説いて、かれらを縛ったり閉じこめたりし、かれらから僧侶の身分を奪って「還俗《げんぞく》」させ、かれらを追いたてて使ったり、かれらからしぼりあげ、かれらのいのちを奪う（「断命《だんみょう》」）ことだ。」

これが「五逆」の一つだ、というのである。

親鸞は、このことばを『教行信証』に書きぬきつつ、何に思いを馳《は》せていただろうか。わたしたちは、親鸞が『教行信証』の支柱として、「承元の奏状」を置いたことをすでに知った。その中心にあるのは、「主上・臣下法に背き義に違し、忿を成し、怨を結ぶ」の一句であった。抗議の火が燃えていたのは、「猥《みだ》りがはしく死罪に坐《つみ》す」という、住蓮・安楽の「断命」に向かってであった。さらに、法然と自分たち専修念仏者に対する「還俗」と流罪に向かってであった。さらに、乳水《にゅうすい》のように和合していた吉水の集団を無残にも破壊したのはだれか。これこそ「和合僧を破壊した」ものではないか。

こうしてみると、親鸞が「五逆」の者として、指さした手の先は、明らかに後鳥羽上皇と、朝廷の「主上・臣下」たちに、まっすぐ向けられていたのである。

五逆にあらざるわれら

このように明白な事実、『教行信証』の真髄《しんずい》となっている疑いようのない真実も、現代の親鸞研究界では、まったく「常識」に反しているのである。

だから、これまでの見解について、しらべよう。

第一は、道徳主義の立場である。江戸時代の宗学者がこれだ。かれらの場合、逆謗闡提を、だれだれという具体的な対象に考えない。江戸時代の支配者、武士階級は、儒教を生活信条とした。これは、実際的な道徳教だ。死後の世界などへの信仰はない。だから、支配者たちは、仏教をけいべつしていた。けいべつしていながら、支配者たちは、おろかな農民・工業者・商人たちに仏教を与えた。本願寺教団を使って。かれらの精神を支配しようとしたのである。

しかし、僧侶たちは、けっして武士たちを「闡提の者だ」などと指さしはしなかった。自分たちがかれらに罰せられたり、追放されたりしても、けっしてかれらを「五逆」の者だ、ということなど、夢にも考えなかった。それどころか、逆謗闡提についての経典のことばは、「わたしたちがお上《かみ》の掟《おきて》を守り、仁義礼智信《じんぎれいちしん》という道徳を守ってゆくようにとの、仏のおさとしだ」と、民衆に宣伝したのである。香月院深励《こうげついんじんれい》という、有名な宗学者のことばである。

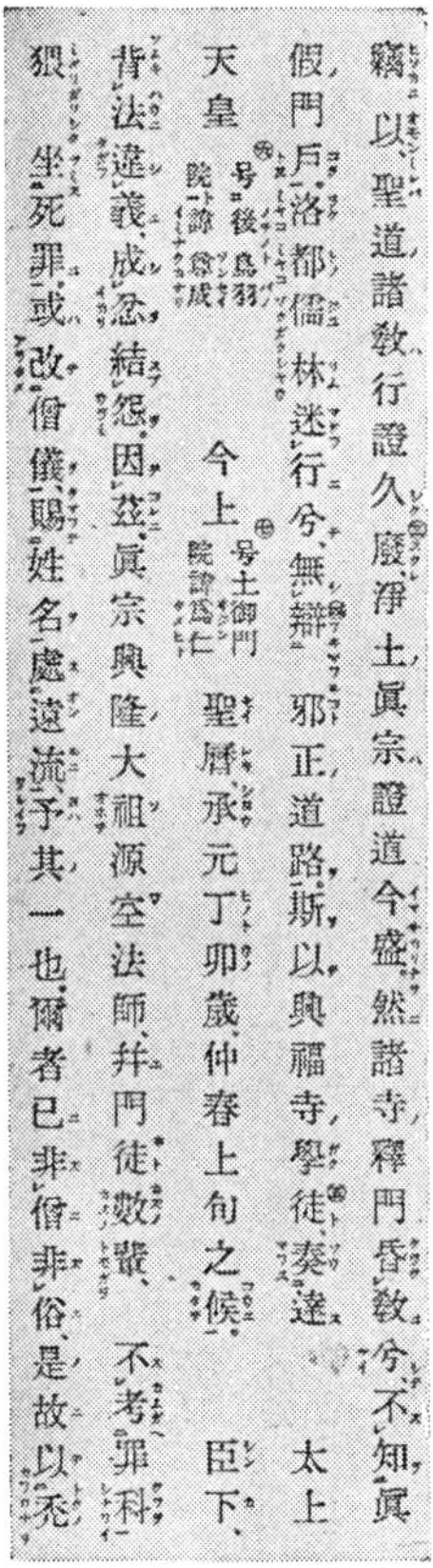
竊以、聖道諸教行證久廃、浄土眞宗證道今盛。然諸寺釋門昏教兮、不知眞假門戸、洛都儒林迷行兮、無辨邪正道路。斯以興福寺學徒、奏達　太上天皇（諱尊成　号後鳥羽院）今上（諱為仁　号土御門院）聖暦承元丁卯歳仲春上旬之候。臣下、背法違義、成忿結怨。因茲、眞宗興隆大祖源空法師、幷門徒數輩、不考罪科、猥坐死罪。或改僧儀賜姓名處遠流。予其一也。爾者已非僧非俗。是故以禿

『教行信証』
（真宗聖教全書二）

この事情は、明治以後でも変わらない。明治のはじめ、天皇の政府が狂信的な神道主義

の立場から、排仏《はいぶつ》主義を強行したことは有名だ。わたしは、京都や滋賀県の社寺を見て、そのすさまじい権力による排仏のあとを見て、ゾッとしたことがある。たとえば、比叡山の琵琶湖側のふもとにある日吉神社など、仏教信仰の建物は根こそぎ破壊しつくされた。

ただ、拝殿の床下《ゆかした》で行なわれた仏教行事のあとだけは、抹殺《まっさつ》できぬため、板でうちつけて、民衆に見せないようにしたのである。

こういう天皇や薩長政府の権力者の行為に対し、「あなたがたこそ、経典にいう、逆謗闡提の徒だ。悪逆の鬼だ。」と指さす仏教者は、ついに出現しなかった。

それどころか、「わたしたちは、アミダ仏と同じように、天皇を信仰しよう」という運動を起こしたのである。だから、戦争中に作られた「靖国神社」などに抵抗することも、しなかった。代わって、『教行信証』の版本の中から「主上臣下背法違義」の「主上」の文字を削りとったのである（前ページ写真参照）。

近代宗学の落とし穴

これに対して、新しい近代宗学が登場する。逆謗闡提について、まったく面目を新たにした解釈をひっさげて。金子大栄・曾我量深らによると、「わたしたちこそ、五逆誹謗正法《ごぎゃくひぼうしょうぼう》の身だ」というのである。そして、これこそ親鸞の思想だ、という。同じ立場にたつ、山辺習学・赤松智善の『教行信証講義』を引用しよう。「ああ何人か五逆謗法の罪を免《まぬか》るることができようぞ。聖人は自らこの自覚を表白し、普《あまね》くこの自覚を促《うなが》し給うために此の文を引用せられたものである。」

近代人の宗教哲学ならこれでよい。「逆謗闡提」ということばを借りて、自分の罪悪の自覚を語っても、ちっともさしつかえない。しかし、〝親鸞も、そうだった。〟というなら、それは明白なあやまりだ。

法然は「五逆をつくらざるわれら」ということばを好んだ。親鸞の書写した『西方指南抄』に出てくる。この考えは、親鸞自身も同じだった。親鸞は京都から晩年の手紙で、東国時代の経験をふりかえっている。そのころ、善乗房という男がいた。いろいろと親鸞を攻撃していた。このような人物は、「謗法」のものだから、自分（親鸞）は、かれを近づけたり、同座したりしなかったのだ、というのである。

また、例の善鸞義絶状。

「ことに破僧の罪という罪は、五逆のその一つだ。親鸞にうそをいいつげたのは、〝父を殺す〟ものだ。五逆のその一つだ。」

いささか強引な論法だ。しかし、とにかく、「五逆」「謗法」は、「わたしたち専修念仏者」ではない。専修念仏集団を非難・攻撃し、かき乱す人々であることには、なんらの疑いもない。親鸞の時代、専修念仏集団は、体制側からの弾圧と攻撃と撹乱《かくらん》にたえず見舞われていた。だから、弾圧者・撹乱者のその行為の意味を、経典の中に見いだす必要があったのだ。

しかし、近代宗学者には、幸いにも、その必要がない。古い本山の教団体制との不和はあろう。しかし、現代社会の体制的思想と敵対する、非妥協の生涯をえらびとったのではない。かれらの近代的内省は、現代人の好みにふさわしいのである。少なくとも、親鸞のように、時の権力者に向かって、「お前こそ、逆謗闡提だ」と指さねばならぬ必然は、かれらの思想には存在しなかったのである。

ここで、わたしたちは、親鸞の終生の師、法然の「遺志」に触れたいとおもう。それは親鸞の思想の成立と深い関係をもっているからである。

法然の遺志

法然の『選択集』の最後は、つぎのことばで結ばれている。

「こいねがわくは、ひとたびこの本を見ていただいた後は、壁の底に埋めて、窓の前にのこさないようにしていただきたい。わたしが恐れているのは、この本を見たことで、かえって専修念仏を非難攻撃する人が出れば、その人が地獄に落ちることです。」と。

「壁の底に埋めよ」というのは、故事がある。秦の始皇帝の思想弾圧に対し、儒教の本を壁の中にうずめて守りぬいた話だ。法然は、他の文『西方指南抄』で、そのことに触れている。明らかに法然は、弾圧の来る日を予感していたのである。そして、その弾圧について、恐れるのは、自分の運命ではない。弾圧した人々が、「謗法」の人として地獄に落ちることだ、というのである。

このような法然の思想からすると、承元の弾圧のとき、法然が「今回の弾圧で、一つだけ、いたましいのは、弾圧者の非道が報いを受けて、かれらが悪しき運命にあうことだ」といった、という伝え（『四十八巻伝』）は、無視できないものをもっている。

また、親鸞は、晩年の手紙でくりかえしいっている。「専修念仏者を攻撃したり、弾圧したりする人をあわれむ心をもて！と法然聖人はいっておられた」と。親鸞は法然面授の弟子であるうえ、承元の弾圧で運命を共にしたのであるから、その証言は信頼できる。

さらに、わたしたちの深い興味をさそうのは、つぎの問題である。二十五日は法然の命日だ。毎月、その日に専修念仏者が集まって念仏を唱えた。その意味は、〝弾圧者を助けるための念仏だ〟という。しかも、それは参加者全体の認めていたことだ、というのである。これも、参加者のひとりであった、親鸞の手紙の中の証言である。

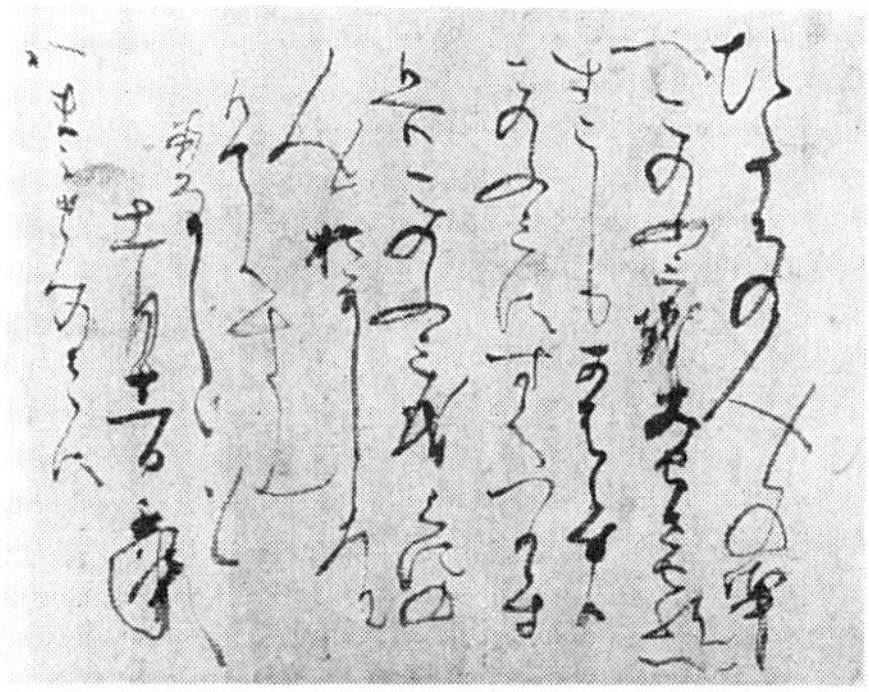

親鸞晩年の手紙

思ってもみたまえ。承元の弾圧の中で、老齢の身をすりへらしつつ死んだ法然の命日。その日に、弾圧者のために祈る念仏が行なわれる。毎月の専修念仏者の集会の、念仏の声の中に、高潮する人間精神。その高まりの中から、親鸞の「逆謗闡提」の最終の思想は、うみだされたのである。

恩光の報答

親鸞の思想の最終の地点に足をふみこむ前に、いささか、のどやかな一つの話題に触れさせてもらいたい。

きみは、清少納言の『枕草子』の中の、有名な「香爐峯《こうろほう》の雪」の逸話《エピソード》を知っているだろうか。

雪の降った、ある日。中宮定子が部屋《へや》にはいってきた。清少納言の仕えていた女主人だ。いきなり、定子はいった。「香爐峯の雪はいかに。」その部屋にいた女房たちは、とまどった。何のことか。そのとき、清少納言は、いきなり庭に向かった簾《すだれ》をあげた。女主人はニッコリと笑った、というのである。この話のポイントは、白楽天《はくらくてん》の詩の一節、

香爐峯の雪は簾をかかげて見る

の一句にあった。定子は、この句の前半をあげて、とっさに後半の句を、女房たちが思い出すことを期待した。事実、清少納言よりスピードこそ一瞬おとったものの、女房たちは、「あっ、あの句のことか」と、いっせいに思いあたったことであろう。

詩句の前半をあげて後半を思い出させる、——百人一首もそうだ。上の句を聞きはじめると、とたんに下の句のカードをとる。連想のスピードが勝負なのだ。

実は、このような知的クイズは、『教行信証』の中にも隠されていたのである。しかも、もっとも真剣な形で。「承元の奏状」は、流罪中のことを述べた「五年の居諸《きょしょ》を経《へ》たり」(五年の年月を過《へ》ぎた)という一句で切り取られ、いきなり、法然の死を追悼する文書に接続している。

この「居諸」の語は、白楽天の詩句の一節だ。もちろん、このことば自体は『詩経《しきょう》』にはじまる。日月のむなしく過ぎるのをうらむ文中のものだから、流罪中の親鸞の心境にも合致しよう。しかし、それよりも、直接に

は白楽天からの引用だ、と感じさせる理由がある。この「居諸」の直前に、有名な「僧に非《あら》ず、俗に非ず」の句がある。これは明らかに白楽天の、

「非道・非僧《い》・非俗《い》の吏」（池上間吟《ちじょうかんぎん》）

の引用なのである。したがって「居諸」も、白楽天のつぎの詩の引用だ、とおもわれる。

恩光未《いま》だ報答せず
日月空しく居諸

少なくとも、当時の知識人が「居諸」という特色あることばを見たとき、ただちに思い浮かべたのは、『詩経』よりも、この白楽天の詩であることはまちがいない。しかも、法然との生別の話を、この「居諸」の語でうち切り、直ちに法然の死を述べる文章に向かうのである。だから、隠された詩句の前半、「恩光未だ報答せず」が、だれに対する「報答」か。疑いようもないであろう。

すなわち親鸞はいっているのだ。

「わたしは承元の弾圧の中で、師と生別した。そして五年の年月を、師と相会わぬまま空《むな》しく過ごし、師から受けた御恩にまだ報い答えぬまま、ある日、突然、師の死の知らせを聞いたのだ。」と

胸が破れ、腸《はらわた》のちぎれるような悲しみが、おさえられた文面のうしろから、わたしの耳になりひびいてきてやまないのである。このような悲しみの中から、ひとり立ち上がり、法然の「遺志《い》」に答えようとしたのが、『教行信証』だ。すなわち法然が、かれ（親鸞）に対して真にのぞんだものを、つらぬき通して、明らか

にする。そのための本だった。それが、「生きている住蓮・安楽」としての、親鸞の使命だったのである。

では、「弾圧者の運命」を憂《うれ》いつつ、流罪地に向かった法然に対し、親鸞はどのように答えただろうか。

親鸞生涯の回答

五十二歳のとき書いた『教行信証』の信巻に書きこまれたのは、「逆謗闡提回心《えしん》すれば皆往《ゆ》く」の一句だった。これは、善導の『法事讃《ほうじさん》』からの引用だ。平和な儀式用に作られた、懺悔のことばの一節にすぎぬ。しかし、ここでは、親鸞の心の歴史と、ミダの全民衆救済の歴史とをつらぬく雄大な意味をもったのである。

「逆謗闡提」とは、専修念仏集団を迫害する人々、古い体制の思想側に組するすべての人々だ。その頂点には、承元の弾圧の、後鳥羽上皇がいる。

ここで「三願転入の論理」のことを思いおこしてみよう。

「回心」とは「回入《えにゅう》」と同じだ。かれはこの文をもとにして、「凡聖逆謗斉《ぼんしょうぎゃくぼうひと》しく回入すれば、衆水《しゅすい》、海に入《いり》て、一味《いちみ》なるが如《ごと》し。」と書いている。『教行信証』行巻の終わりだ。親鸞にとって、「回心」とは、古い、あやまった仏教の立場を捨て、正しい教え、専修念仏集団にはいってゆくことだ。体制側の人々も、やがて、専修念仏集団にはいるだろう。そうすれば、自力の専修念仏より金剛信心へと「転入」し、どの人も必ず救われるだろう。それは、ミダによってしくまれた救済の歴史の展開だからである。

それは、わたし（親鸞）自身の体験である。迫害者は、自分の明日を知らないのである。どんな迫害者・

弾圧者も、このようなミダのしくみをうち破ることはできぬ。かえって自《みずか》ら知らずして、すべてミダの救済の歴史の中に吸いこまれてゆくほかはないのである。

かれは、善導の詞句を、このようなスケールで理解した。そして、「今、わたしは、ついにミダの真意を理解できるようになりました。」と、亡《な》き法然に「報答」したのである。

かつては、吉水集団の離散、亡師孤独の運命は、かれにとって、あまりにつらいものに思われていた。

「なぜ、なぜです？わたしがこんなに苦しく、こんなにつらいのは。」

いくたびかれは、天と地に問うたことであろう。しかし、いまやかれには見えてきたのである、そのことのほんとうの意味が。なぜなら、法然によってまかれた心の種は、弾圧と理不尽な迫害と苛酷《かこく》な運命の中で、いよいよ成長し、ついに「金剛信心」の花のかがやくのを、自分の中に見たからである。

それを「三願転入」として、親鸞は法然に「報答」したのである。

正《まさ》しく恵《めぐ》まんとおぼす

このような立場に達したことによって、親鸞は『教行信証』を書くことを決意した。このような立場から、これまでの経典・注釈の行文が、新しい光に照らされて見えてきたからである。

しかし、わたしたちは驚く。かれはこのような立場に達して、なお、そこに満足し、そこにとどまろうとはしなかったのである。『教行信証』の八行本文が清書されて後も、六十代より八十代までの二、三十年間の筆跡で、たえざる追加・補正の行なわれた跡が、ありありとこれを物語っている。

その最終の筆跡は、『教行信証』の先頭の序文だ。「総序」と呼ばれている。その中にわたしたちは、つぎの一句を見いだす。

「世雄《せおう》の悲《ひ》、正《まさ》しく逆謗闡提を恵まんと欲《おぼ》す。」

〝今、わたしたちを弾圧迫害している人々も、やがて専修念仏集団にはいりきたって救われるだろう〟という地点から、さらに親鸞は大きくふみこんだ。

〝ミダの真の願いは、専修念仏者を迫害する人々を救うことだ！〟と。

かつては、「迫害者もまた救われるのか？」と問うていた。今は、「迫害者こそ救われるのだ！」と答える。

晩年の親鸞は、このような思想の場から、迫害者たちを見つめていたのである。それは師、法然の「遺志」に対する、最終の「報答」であった。

後《ご》鳥《と》羽《ば》院《いん》

『教行信証』の終わり、「承元の奏状」のうち、上の欄に、有名な書きこみがある。

「後鳥羽院」

「土御門院」

承元の弾圧のときの上皇と天皇に対し、追号(天皇・上皇の死後おくられる名)を書きこんでいる（このあとにある「順徳院」は、親鸞ではない。別筆である)。本文が八行本文であり、六十歳前後の筆であるのに対し、この二つの追号は、親鸞七十歳代の筆跡である。この二つは、同時に書かれている。このことは、デンシトメーターの検査によって確かめられた。

延応《えんおう》元年（一二三九、親鸞六十七歳）二月二十二日、「後鳥羽院」は、隠岐《おき》の島（島根県）で流人《る》生活の中で死んだ。はじめ「顕徳院《けんとくいん》」と追号され、後に「後鳥羽院」と改められた。仁治《にんち》三年（一二四二、親鸞七十歳）のことである。京都の町の一角でそれを知った親鸞は、ある日、筆をとって、二人の弾圧者の追号を書きこんだのである。

そのとき、老いた親鸞の胸の中に去来したものは、何だったろうか。若い情熱を時代にたたきつけて行動し、若かったまま死んだ住蓮・安楽の幻《まぼろし》か。それとも、「生別」すなわち「死別」となった、最後の別れの日の法然の面影《おもかげ》か。それとも、亡師孤独《ぼうしこどく》の中で、あまりにも苦しかった自己の生涯の日々か。墨はただ、黒々として、何も語らない。

親鸞の死

弘長二年（一二六二）十一月二十八日、親鸞は、その生涯を閉じた。京都の町の中ほど、押小路《おしこうじ》南、万里小路《までのこうじ》東であった（『伝絵』）。東国の弟子、顕智《けんち》や専信がその場にのぞんだ。親鸞の子では、第五子益方《ますがた》と第七子覚信尼がつきそっていた。妻の恵信尼はいなかった。

親鸞は、「わたしが死んだら、賀茂川に入れて魚に与えよ」といっていたという（『改邪鈔《がいじゃしょう》』）。きみは、このことばを聞いてどう感ずるだろうか。

賀茂川とは、かれにとって、何だったのだろう。

賀　茂　川

子どものとき、遊び親しんだ川。
そのときは父も母もいた。魚も友だちだった。
そのような賀茂川か。――あの東山のもとで。
確かに、正嘉二年(親鸞八十六歳)「自然《じねん》」について顕智に語った親鸞は、ほとんど「童心」と見分けがつかぬようにみえる。「アミダ仏とは、〃自然〃のありさまをしらせようとする、そのてだてなのだ。」と親鸞は語るのである。その「自然」とは、〃絶対なるもの〃〃永遠に母なるもの〃だ。それにみちびかれて、老いた親鸞の魂は、幼児《おさなご》のように和《やわ》らいでいる。そのような親鸞は「童心」の思い出深い賀茂川に帰ることをのぞんだのだろうか。

　しかし、かれにとって、子どものとき見た賀茂川とは、心なごむものだけではなかった。養和の飢饉《ききん》。賀茂川の河原には、餓死者があふれ、つぎつぎと声もたてず、流れ去っていった。九歳のかれは、子ども心に、目をくもらせ、息をのんでそれをみつめたことがあったはずだ。いや、飢饉のときだけではない。三条河原。五条河原。乞食や貧民が住みつき、日々を死と背中あわせに暮らしていた。

　そして六条河原。そこは、かれの友、安楽の屍《かばね》が、燃えるいのちを横たえたところではないか。

　そのような恩讐《おんしゅう》(なさけとうらみ)のすべてを忘れて、かれは、賀茂川に自分の骨を沈めたかったのだろうか。

いや、そうではない。なぜなら、そのころの墓地は、すべて古い仏教の支配下にあった。かれが夢にも忘れることのできなかった、嘉禄三年（一二二七、親鸞五十五歳）の残虐《ざんぎゃく》。体制側の手は、法然の骨まで地下からあばきたて、恥ずかしめを加えようとしたのである。

しかし、いかなる体制の手も、賀茂川の去りゆく流れの彼方《かなた》には、ついにとどくことができないであろう。いかなる地上の権力も、大自然の一物《いちぶつ》と化《か》した親鸞の骨を、あばきたてることはできないのだ。

きみは、いつの日か、京都に来て、東山に向かうことがあるだろうか。そこには広壮な親鸞の墓地がある。後世の、体制化した巨大な本願寺教団が建設した大谷墓地だ。

しかし、きみはその帰り道、賀茂川のほとりにたたずみたまえ。絶えることのない流れのせせらぎの中から、九十歳の死にいたってもなお、体制の手に自己の魂をゆだねることを拒否した、人間の声。その真実のひびきが、今もきみの耳に聞こえてくるだろう。

とめるものゝうたえは
いしをみづにいるゝがごとくなり
ともしきものゝあらそひは
みづをいしにいるゝにたりけり

△『皇太子聖徳奉讃』は七十五首の長文和讃であるが、その末尾は、聖徳太子の「十七条の憲法」を引用した、上の句で、急に閉じられている。しかも、この一首だけ、全文仮名ばかりで書かれ、ひときわ異彩をはなつ。

建長七歳乙卯十一月晦日書之
愚禿親鸞八十三歳

長い訴追の中で苦しみぬいた、親鸞集団の苦渋《くじゅう》、それをつつむ貧しい人民の悲しみの一つ一つ、――それらの叫びが、この仮名文字の背後にぬりこめられている。〉

III

永遠の対話

——『歎異抄』——

『歎異抄』――解説――

わたしたちは、前章において、親鸞の死に立ち会った。これ以上、何をいうことがあろう。しかし、わたしはいわねばならぬ。親鸞がのこした、日本人の魂の古典、『歎異抄』のことを。

この本は常陸国親鸞集団からうまれた。常陸国河和田《かわわだ》の唯円《ゆいえん》が、老親鸞のことばを記録したのである。ここにしるされた親鸞のことばは、息づまるほどの迫力をもっている。唯円が、くいいるような目をして、親鸞の語ることばを聞き、その一語一語を心にきざみこんだからであろう。

唯円は、正応二年(一二八九)六十九歳で死んだ、という。この伝えにしたがえば、唯円が二十歳の青年の日、親鸞はすでに六十九歳だったことになる。四十九歳もちがうのだ。親鸞が死んでから、二十六年めにあたる正応元年（一二八八）に、覚如が唯円に会った、という記録がある(慕帰絵詞《ぼきえし》)。だから少なくともこのころまで生きていたことは、確かである。

『歎異抄』が作られたのは、親鸞の死後だ。しかし最初から今の形をとっていたのではない。その原形は、「親鸞聖人《しょうにん》御物語《おんものがたり》」と呼ばれる、ごくささやかな、親鸞のことばだけの

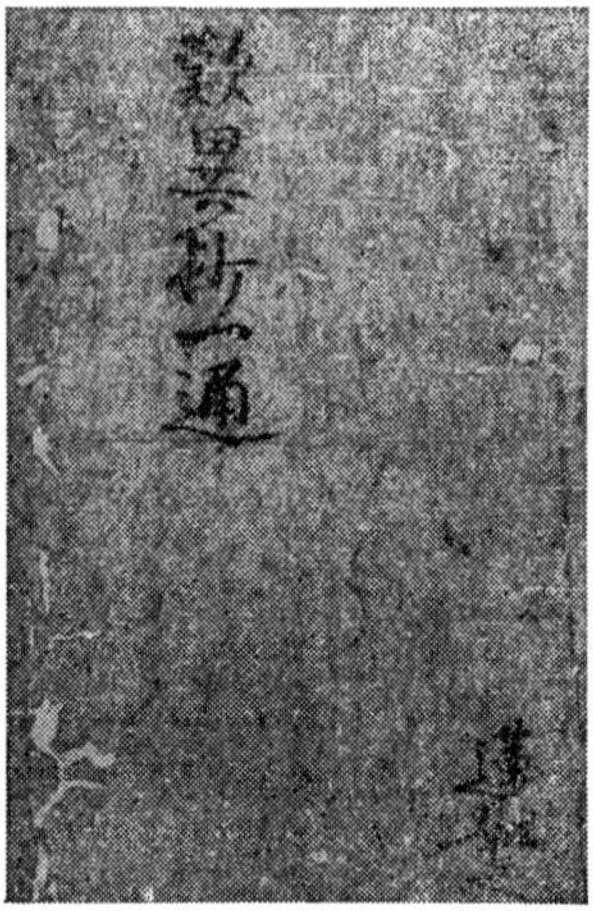

歎異抄蓮如本（西本願寺蔵）

抜き書きだったとおもわれる。その理由はこうだ。『歎異抄』のはじめには、「親鸞語録」とでもいいたいような十箇条が置かれている。その第三条と第十条を除いて、他はすべて、最後に「云々《うんぬん》」ということばが置かれている。そのうえ、この十箇条の前にある序文にまで「云々」という文字がついている。この点、現在、存在するいろいろの（『歎異抄』）古写本にあたってしらべたところ、ほとんど例外がなかった。これは偶然だろうか。いや、この「云々」ということばには理由がある。これは、唯円が自分の前に書いておいた「親鸞聖人御物語」という、小冊子から引用してのせたから、この「云々」をつけたのである。序文の場合はつぎのようである。まず、訳をかかげよう。

〔A〕ひそかにわたしの考えをめぐらし、大体昔と今のようすをくらべ考えてみると、現在の人々は死んだ先生（親鸞）が口づから伝えてくださった真実の信心とちがっていることを歎《なげ》き、後の専修念仏を受けつぐ人々の疑いとまどいをまねくことを思う。幸いに縁あるみちびき手によらなければ、どうして専修念仏の門にはいることができようか。まったく自分だけのさとりでもって、絶対他力の教えの内容を乱されないようにしてほしい。

〔B〕それで、死んだ親鸞聖人の御物語の趣がわたしの耳の底にとどまっているところを、いささかしるした。専修念仏に心を同じくする行者の不審をなくするためであると、云々

原文でみると、〔A〕の部分は、その語数が「4・4、9・9、8・8、7・7」となっていて、きれいなリズムの

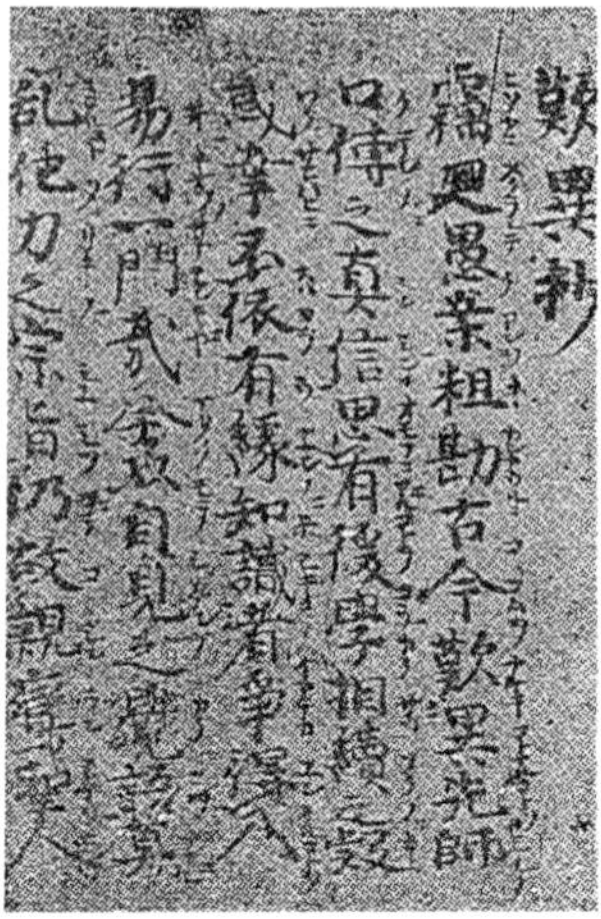

歎異抄蓮如本（西本願寺蔵）

文章になっている。親鸞も好んだ四・六駢儷《べんれい》文という文章の形だ。ところが〔B〕の部分はちがう。「11・4・3・11」という形で、すっかりリズムを乱している。文章の性質がちがうのだ。この〔B〕の部分こそ、前に作られていた小冊子の序文の一部だったのだ。だから、「云々」ということばが最後につけられたのである。

これまで、「序文にまで〝云々〟がついているのはおかしい」と、ささやかれながら、「何かのまちがいだろう」と思われてきた。しかし、すべての古写本が一致して、こういう形をしめしているのだから、けっして偶然の写しあやまりではないのである。

してみると、第三条の有名な悪人正機の文章と第十条の念仏本質論とは、『歎異抄』が作られるとき、新たにつけ加えられたものだ。『歎異抄』が作られた動機を考えるうえで、重要な意味をもってこよう。

この点、第十一条以下、最後（第十八条につづく結文《けつぶん》）までの、唯円の文章中に引用されている「親鸞のことば」も、同じだ。みな、「云々」でなく、「おほせさふらひき」ということばで、くくられている。これも『歎異抄』をつくるとき、唯円が新たに書き加えた「親鸞のことば」なのである。

「古親鸞ノオホセコトサフラヒシオモムキ、百分カ一《ヒトツ》、カタハシハカリヲモオモヒイテマヒラセテ、カキツケサフラウナリ」

唯円が右のように、『歎異抄』の末尾にいっているのは、新たにつけ加えられたものなのである。したがって、『歎異抄』は、前からあった「親鸞聖人御物語」と、新たに書き加えた「親鸞ノオホセコト」と、二種類の「親鸞のことば」をふくんでいるのである。

このように、『歎異抄』成立の段階と、その意義を考えてゆくことは重要だ。親鸞没後の親鸞集団のようすが知られるからである。しかし、今は、これについては語るまい。

また、『歎異抄』が本願寺教団の手にわたって伝えられるうちに、起こった奇妙な「切断」事件。――古写本（『蓮如《れんによ》本』）の伝来の中に突き出された、権威主義の「黒い手」。この興味深いミステリーについても、今は、もう語るまい。

まっすぐに「親鸞のことば」にすすんでゆこう（まず、訳をかかげ、これに解説した）。

『歎異抄』——親鸞のことばと私のこたえ——

（「親鸞のことば」は古田訳）

> 第一条
> ミダの願いの不思議さに、救われて往生をとげるのだ。と信じて、念仏しようと思いたつ心の起こるそのとき、ただちに、捨てることのない救済の中にわたしたちをおきたまうのだ。
> ミダの願いには、老いた人も若い人も善い人も悪い人も区別されぬ。「ただ信心だけを必要とする」と知れ。その理由は、罪悪が深く重く、いろいろの欲望（煩悩《ぼんのう》）のはげしくもえさかる人々を、救おうとするための願いなのです。だから、願いを信ずるには他の善も必要ではない。念仏にまさることのできる善はないから。悪もおそれてはならない。ミダの願いをさまたげるほどの悪はないから、と。

わたしは青年時代、この第一条がきらいだった。とくに前半は、抹香《まっこう》（シキミを粉にしてつくった香《こう》。坊主くさい、というたとえ）くさかった。その気分は、最近までのこっていた。しかし、今、正確に訳してみると、親鸞生涯の論理と体験を、みごとに浮きぼりにしている。それに驚嘆した。

第一、親鸞のころ、「臨終往生《りんじゅうおうじょう》」といって、死にざまで、その人が往生できたかどうかわかる。一般にそういわれていた。死に顔が安らかだった。そのとき、外には紫の雲がたなびいていた。あの人が仏になれた証拠だ、などといったのである。親鸞はこのような考えをキッパリ否定した。真実の信仰を「思いたつこころの起こるとき」すべては決定するのだ、というのである。かれは、生きながら絶対の救済の中に生活する、というのである。「臨終まつことなし、来迎《らいごう》たのむことなし。」と、かれは力強くいいはなった。

第二、だから必要なのは「信心」だけ、という、かれの立場がハッキリと成立する。「煩悩」というのは、仏教の有名な術語だ。わたしたちの内部にいっぱいつまっている。何が。いっさいの執着。いっさいの欲望。いっさいの夢。死んでも断ちきれぬ、あこがれ。それらがないような顔をする。――それを親鸞は拒否する。それらが捨てきれるような、かっこうをする。――それに親鸞は静かに首を横に振る。これが人間なのだ。わたしなのだ。このような自分こそ、まさにミダが救おうとする人間だ。このように親鸞は主張したのである。

第三、ここから、親鸞の死にものぐるいの生き方がはじまる。善行？それが何だ。世間さまを気にしていたら、死なずにすむのか。世間さまにほめてもらったら、救われるのか。「善行」などという、つくられた物差。それで、わたしの二度と返らぬ一生をふりまわされるのは御免《ごめん》だ。悪行？いったいだれが決めたのだ。それにさわらない。おどおどした顔。世間の非難がこわい。臆病な心。そんなものは、根こそぎ拒絶しよう。わたしたちは、もはや、なくてはならぬ、ただ一つのものを見たのだから。何を、だれに、遠慮することがあろう。

第二条

ひとりひとり、十余か国の境《さかい》を越えて、いのちもかえりみず、たずねこられたお心持ちは、ひとえに極楽《ごくらく》に往生《おうじょう》する（永遠に救われる）道を、問い聞こうとするためだ。

けれども、念仏よりほかに往生（救い）の道を知り、経典（法文）なども知っているだろうと、何か期待をいだいておられるなら、それは大きなあやまりだ。もし、それなら、奈良の都や比叡《ひえい》の山にも、たいした学者たちが多くいらっしゃるのですから、あの人々にでも、お会いになって、往生の要点をよくよく聞かれるのがいいでしょう。

わたしの場合、ただ「念仏してミダに救われなさい」と、よい人（法然）のおことばを聞き、信ずるほかに別の理由はないのだ。念仏はまことに浄土（ミダの国）に生まれる種でしょうか。また地獄に落ちねばならぬ業《ごう》（悪い行ない）なのでしょうか。何もかも、わたしは知らないのだ。

たとい法然聖人《ほうねんしょうにん》にだまされて、念仏して地獄に落ちてしまっても、少しも後悔するはずはないのです。

その理由は、ほかの行《ぎょう》をはげんでも、仏になる身が、念仏したために地獄に落ちるのでしたら、確かに「聖人にだまされて」という後悔もしましょうが、どんな行もおよびがたい、わたしの身だから、どうあろうと、もう地獄はきまりきったすみかだ。

ミダの願いがまことでしたら、釈迦《しゃか》のとくことばは、いつわりのはずはない。釈迦のことばがまことでしたら、善導《ぜんどう》のときあかされたことばは、いつわりをいわれるはずはない。善導のときあかされたことばがまことなら、法然のおことばは、どうして無意味だろうか。法然のおことばがまことなら、親鸞のいうこともまた、空《むな》しくないはずでしょう。
おしつめれば、わたしの信心の場合、これしかない。これ以上は、念仏をとってお信じになろうとも、また捨てようとも、ひとりひとりのおきめになることだ、と。

第二条は、わたしのお気にいりだ。いや、わたしだけではない。この文章を読んで、もう、忘れることができぬ、といっている人はたくさんいる。文字どおり、日本人の「古典」となっているのである。しかし、今、わたしたちに必要なのは、昔話じゃない。一二〇〇年代のなかばに、京都の町の一角の小さな部屋で、くりひろげられた、この光景。それは、現代のわたしたちにとって、いったい、何の意味があるのか。ないのか。確かめてみよう。

のっけから、場面は緊張している。十いくつの国とは、常陸より京都までの国々である。いのちがけで越えてきたというのだ。親鸞の前にある、かれらの思いつめた顔。顔。しかし、かれらを「親鸞の弟子たち」と考えてはならぬ。かれは、かれらの中に何か「不純なもの」をかぎとっている。そうでなければ、「奈良や比叡山にゆけ」などというはずはない。かれは弟子への手紙の中では、いっさい、こんなことはいっていない。「ゆゆしき学生《がくしょう》たち」とは、「自分をたいそうなものに思っている学者たち」という意味だ。親鸞はつぎのようにいう。

「この世の本寺本山のいみじき僧と申すも、法師と申すも、うきことなり。」（この世の本寺本山とい

う、りっぱな寺院の、たいそう有名な僧侶というのも、法師というのも、わたしにはいやなことだ）

そういう人たちの所へいってお聞きください、というのだ。この老人の静かな口調の中に、骨を刺すように鋭い刃《やいば》が隠されている。

しかし、そこからかれの心が語りはじめる。どのような相手にも、かれはいつも本格的に語るのだ。法然との出会い。法然は親鸞にどんな真実を与えたか。「念仏で救われよ。」平凡な教えだ。そう聞いていた、人人の耳は、突然驚くべきことばを聞く。「念仏して浄土へゆくのか、地獄へゆくのか。そんなこと、わたしが知るものか。」――あっけにとられた顔。

こういうことに親鸞はなぜ触れるのか。善鸞事件のせいだ。いや日蓮が「念仏無間《むけん》」（念仏者は地獄に落ちる）と攻撃していたからだ、と。例によって学者の説はいろいろだ。しかし、恵信尼文書で、「山を降りる」（吉水入室）のときも、同じ問題に触れたことを思い出そう。比叡山の側、体制の側から、専修念仏者に向けられた、かわらぬ脅迫。それを親鸞は一言ではねかえす。「わたしにはそんなことは関係がない。」と。人の心を、もっともえぐるのは、つぎのことばだ。「たとい法然聖人にすかされまいらせて念仏して地獄に落ちたりとも、さらに後悔すべからずさふらう。」異様な迫力をもって、読むわたしたちの心の底にせまってくる。わたしも、青年の日、このことばを読んで、深い衝撃《しょうげき》を受けた。その日から、親鸞はわたしの中に生きはじめたのである。

親鸞が法然のもとへと山を下っていったとき。承元の弾圧の中で生別したとき。法然の死を知って号泣《ごうきゅう》

（大声をあげて泣くこと）したとき。亡師孤独の中で、元仁《げんにん》・嘉禄《かろく》・建長《けんちょう》の弾圧を耐えていったとき。そのいつのときにも、親鸞の心の谷底になりひびいてやまなかった声。その声がこのことばだったとおもわれる。

わたしはおもう。人間は、そのような、たった一つの声に会うために、この世に生まれてきたのだ、と。人間の魂が人間の魂と信じあう。これ以上の事件が、現実に存在するだろうか。これ以上に意味あることが、この世に起こることがあるだろうか。どんなにたくさんの人が、何だそんなこと、とあざけっても、ののしっても、わたしはやはり、答えよう。いや、これ以上のことはない、と。

親鸞が法然にいだいた絶対の信頼。法然をミダの化身（神仏が姿を変えてこの世に現われること）大勢至の権化《ごんげ》（神仏がかりにあらわれること。化身に同じ）と信じた真の秘密。それは、親鸞が法然によって、自己の中にある、永遠に不滅なものを目ざめさせられたからである。法然を絶対だ、と指さす手は、すなわち、親鸞の中の絶対なるものの、手なのである。かれはこのような絶対にめぐり会ってより、もはや恐れを知らぬ人となった。つぎつぎとうつりかわる権力者たちの性《しょう》こりもない弾圧の数々も、かれにいよいよ自己の中に芽ばえたものの不滅さを、自覚させるだけだったのである。

「ヒトアリテソシルニテ仏説マコトナリケリトシラレサフラウ　シカレハ往生ハイヨイヨ一定《イチジョウ》トオモヒタマフナリ」

（専修念仏を理解せぬ人があって、専修念仏者を非難し、攻撃する。そのことによって、仏のことばがまことであったなあ、とつくづく知られます。だから、私たち専修念仏者の往生はいよいよ、まちがいないとおもいます！」

唯円は、このような親鸞のことばを記録している。

しかし、と人はいうだろう。親鸞がそれほど法然を信じているのなら、なぜ「たとい法然聖人にだまされても」などというのか、と。ただ、「よき人のおほせをこうむりて」わたしは法然聖人を信じた、といっただけでよいのではないか、と。おもうに親鸞をつつんでいたのは、つぎのような周囲の声である。「そんなに信じていたら、だまされるぞ！人間と人間とのつながりなんか、どうせたよりないものだ。そのために、どんなにお前がつらい目にあうか。お前はそれを知らないのか。」と。これは、ただ「周囲の声」ではない。親鸞が、相対の理知の世界で答えようとする限り、その周囲の声は、すなわち親鸞内部の理知の声である。これに答える道はない。人間の理知に答える道はない。その道のない場所で、かれは理知では出しようもない声を出した。おそらく出したその声にいちばん驚いたのは、かれ自身であろう。その驚きは、いつも新鮮さを失わず、親鸞の一生をつらぬいた。かれは人に語るとき、いつもそのような自己を恥とせず、隠そうとはしなかったのである。

では、と人はさらに問うだろう。そのような理知を越えた声はどこからやってくるのか。なぜ、かれはそのような声を出せたのか、と。その答えは親鸞自身に聞こう。

ミダ ― 釈迦 ― 善導 ― 法然 ― 親鸞

これは「信仰の系譜《けいふ》」だ。それは釈迦からではなく、ミダからはじまる。経典《きょうてん》という本に書いてあるから、それでミダを信ずるのではない。永遠に絶対なるもの。そこから他のすべてははじまるのである。

親鸞はつぎのようにいっていた、と、覚如の『口伝鈔』は伝えている。「夜が明けて、太陽が出るのではない。太陽が出て、夜が明けるのだ。」と。

「信仰」と「地獄」の関係も、そうだ。「地獄行きの身」だとわかっていたから、法然にたよったのではない。法然に会った日から、自己がそのように見えはじめた。そして生涯を過ぎゆく時間の中で、いよいよハッキリと「地獄行き」の自己を確信したのである。このような論理を「信仰の系譜」はしめしている。

親鸞が試みた、一生のあらゆる模索、勉強。あの『教行信証』の尨大《ぼうだい》な体系。それを切りつめたら、たったこれだけだ。ほかにはない。体系化してみても、わたしの思想は、この「信仰の系譜」。これだけのことだ。と、かれは極度にきりつめるのである。もう、かれには、のこしておくカードはない。いつも、手の内を全部見せきっていくのだ。そういう親鸞を、この場の人々は、どう受けとめるか。それは、この場のひとりひとりの、決断の手ににぎられている。

そのように、親鸞は語った。

第三条
「善人さえ往生をとげる。まして悪人は。」それを、世の人は常にいう。「悪人さえ往生する。それなら、まして善人は。」と。これは、一応その理屈《りくつ》があるようにみえていても、本願他力の心にそむいている。

その理由は、自力善行主義の人は、ひとえに他力をたのむ心が、かけているために、ミダの願いではない。けれども、自力の心をひるがえして他力をたのみたてまつれば、真実のミダの国へ往生をとげるのである。

いろいろのはげしい欲望(煩悩)をいっぱいにもつわたしたちは、どの行でも生死を離れることができないのを、おあわれみになって、願いを起こされた本心は、悪人が救われる（成仏《じょうぶつ》）ためなのだから他力をたのみたてまつる悪人は、もっとも往生の正しい種《たね》（正因）だ。

それで、「善人さえ、往生するくらいだ。まして悪人は。」といわれたのです。

いちばん有名な文だ。教科書にも出てくる。はじめのことばは親鸞のつかんだテーマだ。思想の本質を短いことばで切りとる。パッと人の意表をつくことば。それを静かに解説する。銭形《ぜにがた》平次が事件の終わりでナゾ解きをするように。親鸞が好んだやり口だ。かれは自分の内部で発酵《はっこう》してきたもののエキスを、このようにして語ったのである。「世の人」とはだれか。世間の人だ。だが、このころ「世」には「上流社会」を意味する用法があったことを思い出そう。支配者側の思想、旧仏教の常識が、親鸞の思想に対立して置かれている。「つねにいはく。」あっちでも、こっちでも、体制のコマーシャルはこだましていたのだ。

「造像起塔」などの善行をつめない下層の人々。無知・貧乏・無教養の「悪人」でも、救ってやる。それが「お慈悲」というものだ。まして、わたしたち身分と教養ある者は、善行をつんでいる。何しろ寄付もするし、むずかしい経典も読む。こんな「善人」が救われない道理などあろうはずがない、と。貴族や知識人は常識と快適な生活のうえにねむりこむ。その快適な座椅子《ざいす》を敷き物ごとひっくりかえすような、親鸞のことばだ。それはどのような意味をもっているのか。

そのころのほめことば、「善人」は、親鸞によって「自力作善《じりきさぜん》の人」という、いやしめた呼び名で置きかえられる。ミダの願いにひとえによりすがる――専修念仏にたっていないから、「善人ぶる」ことができるのである。

かれは東国の田舎の人々にあてた、小さな本（『唯信鈔文意《ゆいしんしょうもんい》』）の中でいっている。

「わたしたちは善人でもない、賢人でもない。」

しかし、このような善人ぶって自力善行主義を唱えている人々でも、その第一の立場を捨て、専修念仏の集団にはいりくれば、ミダの国へゆく道が確実に開かれる。ほかならぬ、わたし自身が経験したように、第二の自力専修念仏より、第三の金剛信心へ、という道がさわやかに開けてくるのである。あの三願転入の論理は、わたしひとりのものではない。煩悩がいっぱいつまっている身にとって、どんな善行主義も徹底できず、どんな清らかな顔つきもかいがなかった。そういうわたしたち「悪人」。ミダは、それを救おうと思いたたれたのだ。だから、煩悩にみたされた者が専修念仏の集団にはいる。その人々こそ、ミダの救いの種をすでにやどした人間である。

このように親鸞は説いた後、「善人だにこそ往生すれ、まして悪人は」と、はじめのテーマをリフレインする。はじめの「善人なをもて」ということばは、「だにこそ」という強い表現によって、一段とクッキリした陰影が与えられたのである。だから、鬼面《きめん》人を驚かすテーマも、その内側は意外に明快である。

一言でいえば、専修念仏集団の立場から、これまでの体制的な思想全体に向けられた批判である。その批判の背景は、親鸞のもつ根本論理、三願転入の論理なのである。

最後に一言そえる。

法然は「罪人なほむまる、いはむや善人おや。」といっている。「世の人」とはこの法然の立場をさすのではないか。そういう疑問も出よう。しかし、このことばは「罪は十悪・五逆のものむまると信じて、少罪おもおかさじとおもふべし。」ということばにつづいている。「五逆」とは、専修念仏集団を攻撃し、弾圧する人々・体制側の人々である。法然・親鸞は、ともに「五逆をつくらざるわれら」という立場にたっていたことは、「逆謗闡提」の章で述べたとおりだ。ここで「善人」といっているのは、その「五逆をつくらざるわれら」のことなのである。法然のいいたいことはこうだ。いろいろの罪、ことに専修念仏を非難するという罪をおかした人々までも、救われる。まして専修念仏の信仰をもつ、真の「善人」たる、わたしたちが救われないはずがあろうか、といっているのである。

だから法然と親鸞と、ことばはちがっている。しかし、根本の中味に矛盾はない。法然の真意は、親鸞の力強い逆説的表現によって、千古にのこるひびきを与えられた。そのひびきは、何百年、何千年もの間、無知・無道徳の「悪人」としてけいべつされ、自らも卑屈《ひくつ》にしずんでいた、日本の下積みの民衆のよどんだ心を、いきいきと解放するものだったのである。

第四条
慈悲《じひ》に「聖道《しょうどう》」と「浄土」のちがいがある。「聖道」の慈悲というのは、いろいろのものを哀《あわ》れみ、悲しみ、育《はぐ》くむことである。けれども、思うとおりに助け遂《と》げることは、きわめてありにくい。「浄土」の慈悲というのは、念仏して、いそいで仏になって、大慈悲心をもって、思うとおりに、人々を救うことをいうはずだ。
この世で、いかに、いとおしい、可哀《かあい》そうだ、とおもっても、おもったとおり助けることはできないから、この（聖道の）慈悲は徹底しない。だから念仏することだけが、最後までつらぬき通した大慈悲心であるはずだ、と。

これは序文であつかった。こちらは原文の直訳だ。わたしたちの心に、じかに迫ってくる、一種の力をもっている。しかし、考えだすと、意外に霧があつい。中世の霧。仏教思想の霧。――その霧の中を何とか通り抜けてみよう。
「慈悲」とは、大乗仏教をうみだした泉だ。自分のさとりでなく、多くの人々への愛を信条とするからだ。しかし、その若々しい精神も、体制化された仏教（「聖道」）の中で、みにくく変質した。
人間同士を差別する身分社会。その中で、支配者側が民衆に向ける、あわれみ。けいべつのうえにきずかれた、あわれみ。自分を高い位置においたまま、下をごうぜんと見おろした、あわれみ。そんな「あわれみ」は、真実の愛とは関係がない。むしろ、そのごうまんさは、人間の愛の精神とは正反対のものだ。愛とは、「根源的に対等な人間同士」の間にのみ存在する。

「差別」のうえにたつ、慈悲。「慈悲」と名づけられた、ごうまんの精神を親鸞は見ぬいている。自分が高いところにいてはいけない。だから比叡山を降りたのだ。

真実の救いとは何か。他《ほか》の人間が、外から救えるものではない。人間を救うものは、外からこない。人間の中に存在する「絶対」なものが、自らのきよらかな火によって、その魂を救うのだ。ミダとは、そのような自然の道理を解き明かすもの、人間に知らせるものなのである。

だから、親鸞にできることは何か。自ら、「浄土」の念仏者として生きることだ。そして人々に、専修念仏の門にはいるよう、すすめることだ。人々は、やがてミダの「はからい」によって、おのずから「金剛信心」に引き入れられるだろう。——それが救いだ。

これは、もっとも深い意味で、「自立」の思想である。人間が、それぞれ自分の中の「絶対」なるものに目ざめることのみを求める。だから、人間を救済する側と、救済される側との二つに分かつことはできない。それでは、「すえとおりたる大慈悲心」にはならぬ。

では、結局どうすればいいか。人間は、いつも自分の問題にだけ「いそいで」いなければならない。わき目をふってはならない。自分にできることは、それ以外に何があろう。その中からうみだされるもの、——

それが、ついには全人類に受けとられるのだ。ひとりの人間が、もっとも切実にゆき通した道は、いつの時代になっても、万人の心の底をゆり動かす問題なのである。

第五条

わたしは、父母の死後のいのり（孝養）のために、いっぺんでも念仏したことは、まだありません。その理由は、いっさいの生きものは、みないままでわたしの生きてきたいくつかの世の父や母や兄や弟だ。どれもどれも、このつぎの世で、わたしが仏になって救わねばなりません。わたしの力ではげむ善行といったものでしたら、それこそ念仏を手向《たむ》けて（回向《えこう》）、父母を救いもしましょう。（しかし、そんなことはできないのですから）ただ自力を捨てていそぎさとりをひらき、仏となってしまったなら、どんな世（六道四生）にいて、どんな苦しみにしずんでいても、仏の不思議な力で、何よりも、「有縁《うえん》」（縁あるもの）を救わねばならぬのだ、と。

日本の仏教は、追善供養《ついぜんくよう》の仏教だといわれる。仏教は日本にはいってきてから、国家権力の保護をバックに栄えてきた。今、遺跡を発掘してみると、一族が、自分たちの父や母、また祖先たちの冥福《めいふく》（死後、仏になることを祈る）のために造った石塔などが多い。

つまり、仏教の平等の思想や深い教理が問題なのではない。自分たち一族の死後のやすらぎとしあわせを祈るという、あまりにも氏族第一主義的な慣習のために、仏教が利用されていたにすぎないのである。古代日本人にとって、仏教とは、氏族や家族に奉仕する、まじないの一種だったわけだ。

このような仏教のあり方は、親鸞の時代にもつづいていた。死んだ父母の命日などに、冥福のために、念仏を手向ける。そういう行為が美しいとされてきたのである。

しかし親鸞は、そういう行為を、いっさい拒否する。「わたしは、そんな念仏は一回もしたことはない。」と、断言するのである。その思想的背景は、仏教の平等主義の世界観だ。いっさいの生き物は、いくつもの世の中をつぎつぎと経めぐっている。これを「輪廻《りんね》」というのである。人間や畜生（動物）や鬼や天人と、いくつもの世界を通過しているうち、正しい真理（仏教）に会って、救われる、というのである。古代インドの民俗信仰のうえに、仏教の救済思想をうちたてたものだ。

わたしも、子どものころ、キリギリスなどをいじっていると、祖母から「生き物をいじめてはいかん。そのキリギリスは、死んだおじいさんかもしれんよ。」などといわれたものだ。親鸞も、この思想にたっていた。特定の父母だけが、父母なのではない。すべての生き物は、みな過去の世々において、わたしの父であったり、弟であったりしたものだ、というのである。したがって、特定の父母のために祈ったりはしないのだ、といっている。

そして、その理由として、例によって例のごとく、他力信仰をもってくる。念仏とは自力の善行ではないのだから、これを手向けることなどできぬ。生きているわたしたちのすべきことは、専修念仏の門にはいること、また生きている他の人々にこれをすすめることに尽きる、というのである。

一言でいえば、念仏は死者のためではない。生きている人間のものだ、といっているのである。そして、つけ加えていう。専修念仏によって、仏になったら、何よりも大事なことは「有縁」（縁ある者）を救うことだ、と。注意しよう。いままで「父母」ということばが三回使われてきたのに、ここでは、「有縁」といいかえられている。これは「父母」の代名詞ではない。『教行信証』によると、かれにとって「有縁」とは「十方世界の、多くの縁ある人々」である。たとえば、ある人が欲するところ、それも「有縁」なのである。

「父母」という「有縁」も、「無限に存在する有縁」の中の一つにすぎぬ。だから、仏は、いろいろの「有縁」を仲だちとして、すべての人々を救いつくさねばやまない。なぜなら、はじめに述べてあったように、すべての生き物は「有縁」なのだから。だから親鸞は、仏になったら、「父母」を最初に救ったらいい、などといっているのではない。その逆だ。「父母」だけを祈るというような氏族主義・家族主義の中に、専修念仏の宝を閉じこめてはいけない。あくまで、「有縁」としての、すべての人々を救わねばならぬ、といっているのだ。

しかし、と、きみはいうだろうか。死んだ父母をおもうことは、人の子のもっとも美しい行為だ。そのために自分の信ずる念仏をつぶやく。それがそんなに悪いのだろうか。平等主義だか何だか知らないが、あまりにもそれは、杓子定規《しゃくしじょうぎ》じゃないか、と。

そのとおり、とわたしは答えよう。問題はそんなことじゃない。墓場へ行ってみたまえ。財産家は大きな

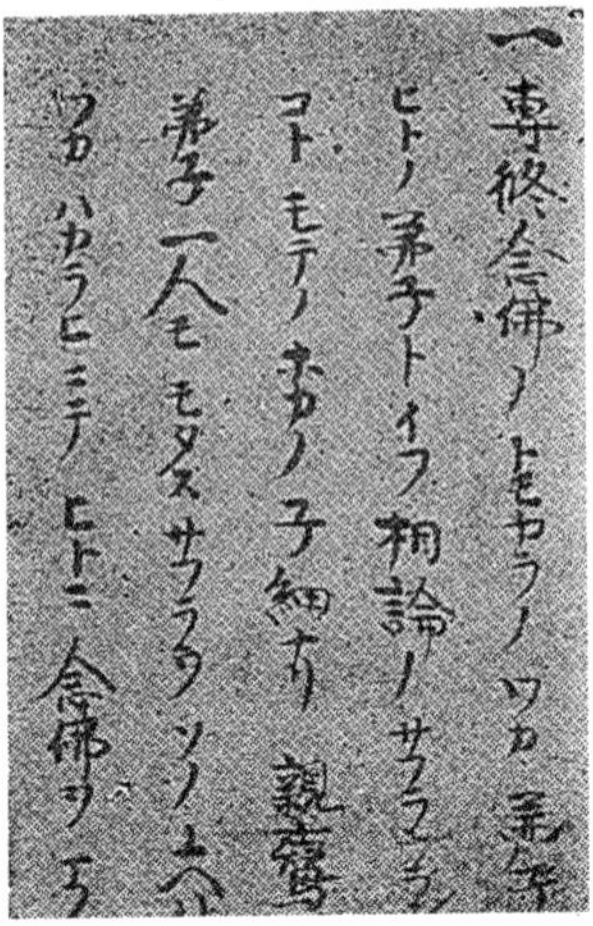

歎異抄蓮如本（西本願寺蔵）

墓石。貧しい家は小さな墓石。まるでこの世の貧富の展示場だ。わたしは墓地へ行くと、淋《さび》しいどころじゃない。ぎょうぎょうしい虚栄心が鼻につかえて、いつも胸が悪くなるのだ。金をたくさん出せば、職業僧侶はたくさんの経典をよみ、たくさんの念仏をささげてくれる。これは仏の行為ではない。悪魔の行為だ。親鸞などとは、まるで関係がない。死んだ父母は何を真にのぞむだろうか。もちろん、わたしたちがひとすじに生きぬくことだ。わたしたちのいちばんたいせつなものを、生涯、いちばんたいせつだ、といつわらずにいいつづけることだ。親鸞の場合、それを「専修念仏」という名まえであらわしていたのである。

第六条

専修念仏の仲間で、「わたしの弟子」「他《ひと》の弟子」といういい争いがありますこと、もってのほかのことだ。親鸞は弟子一人《ひとり》も、もっていません。その理由は、わが「はからい」で、他に念仏をさせますならば、それこそ、「弟子」でもありましょう。しかし、ミダのおみちびきにあずかって、念仏いたします人を、「わが弟子」といいますこと、極端に、すさまじいことだ。

付《つ》くべき縁があれば、いっしょになり、離れるべき縁があれば、離れることもあるのに、それを、先生

（師）にそむいて、他につれて念仏すれば、往生することができないものだ、などということは、けっして、いってはならない。如来《にょらい》（仏）よりたまわった信心を、わがもの顔にとりかえそうというのだろうか。かえすがえすも、あってならぬことだ。

自然の道理にあいかなうならば、仏の恩をも知り、また、先生（師）の恩をも知るはずだ、と。


ここも、序文でとりあげた。こちらのほうが原文の直訳だ。

比叡山の、体制的な仏教の、きびしい師弟関係。それが「秩序」の中心の柱だった。精神の規律だった。そういう時代の「美徳」。そこから、親鸞は、遠く離れたところにいる。なぜか。「美徳」の中味は、くさっている。それを、あまりにも知りすぎているからだ。子どもも、女も、年下も、年上も、みんな対等な人間精神。その秘密を伝えるためにこそ、「師弟」は存在するはずだ。それだのに、「師」の名によって、権威をふりかざす。それを「弟子」におしつける。「お前は、師に向かって非礼を行なった。」そういって、弟子を処分する。それは、本来の「師」。自然な「師弟」関係とは正反対だ。「師弟」が、平等な真理探究者の反対物となる。そういうときがきているのだ。

このようなときのまっただなかにいて、かれは静かにいいきる。「親鸞は弟子一人《いちにん》も、もたずさふらう。」と。このことばは、『口伝鈔』によれば、「他の流派へ移った弟子への処分」を、弟子たちより要請されたのに対し、いわれたことばだという。かれは、「師としての権威」と「弟子への処分」とを、二つながら拒否した。妥協としての収拾《しゅうしゅう》でなく、明確な自己の原理に依拠《いきょ》して。

このことばの前に恥じなければならないのはだれか。現代の大学の中でも、それが問われている。国家権力に依拠する、力の排除。その姿を、親鸞は、今もジーッと見つめている。そんなことで回復できるような「師弟関係」に対して、かれは静かに首を横に振る。「如来よりたまはりたる信心」は、たれびとの中にも存在する。人間の中に宿された深い平等。それこそ、あらゆる真理をうみだす広大な大地なのである。そこで、あるいは「師」の形をとる。あるいは「弟子」の形をとる。それは、この世の「形」にすぎぬ。事の「縁」が、わたしたちにもたらす「姿」にすぎぬ。

ひたすら真実なもの――「自然のことわり」に従おう。そうすれば、あるべき「形」が、わたしたちの前にあらわれてくるだろう。親鸞は、そのように語った。

このとき、かれが胸の中に、「法然」と自分という「師弟」の間がらを、思い浮かべていたことは確実だ。いくたび生《しょう》を変えても、忘れることのできない「師弟」の間がらを。法然は自分にいった。「如来よりたまわった信心だから、わたしの信心も、善信の信心も、同一だ。」と。

親鸞は、そのとき、ゆずりわたされた心を、今、自分のことばとして、語ったのであった。

第七条
念仏者は、さまたげられることのない、一すじの道だ。

その理由はどうかといえば、信心の行者には、天の神・地の神もうやまい伏し、悪魔の世界や外道《げどう》（仏教にそむいて、あやまった教えに従う者）も、さまたげることはできない。罪悪も、悪い報いを与えることができず、諸善もおよぶことができないためだ、と。

「天神《てんじん》」「地祇《ちぎ》」「魔界《まかい》」「外道」――いずれも、そのころの人々におそれうやまわれていた。いや、このいい方は正しくない。天皇や貴族たちは、自分たちが「天神」「地祇」の守りを受けているといった。自分たちに刃向かうものは、「魔界」「外道」に落ちる、といった。「諸善」とは、自分たちの行為だ、といった。「罪悪」とは、無知の民衆や流罪人たちの行為だ、といった。だから親鸞の生涯をつつんだ体制の迫害の中で、これらの体制の「ことば」は、いつもかれにおそいかかってきた。親鸞と親鸞集団を強圧し、責めつけることばとして。現代のわたしたちには、ひからびた「観念」としかみえないことば。これらの「ことば」は、かれの時代には、体制から専修念仏者を村八分にするための、なまなましい責め道具だったのだ。

しかし、かれはいう。それら、いろいろの体制の「ことば」を尻目《しりめ》にかけ、念仏者は生きるのだ、と。どんな「レッテル」を自分たちにはろうとも、無駄《むだ》だ、と。古い世界の、いっさいの「価値」から、背を向けて生きる。それゆえ、「念仏者は無碍《むげ》の一道なり」と、いえるのである。だから、これは、平和な、お寺の中の説教ではない。権力者の弾圧と古い思想体制の迫害が、親鸞のことばの真のうみ主《ぬし》だ。なぜなら親鸞と親鸞の集団は、このような信条にささえられなければ、とうてい生きのびてゆけなかったからである。だから、体制化した本願寺教団の中で、この親鸞のことばを、何百回くりかえしても、何千回唱えても、かれのことばの切実さとは何の関係もない。

今、わたしたちの生きる道が、あまりにも苦しく、現代の体制側のいっさいの非難にもかかわらず、その道をゆき通さねばならぬとしたら、そのときはじめて、わたしたちには、この親鸞のことばの、真の意味を知ることができるのだ。

今、きみの愛する道があまりにもつらく、世の人々がすべてきみを責め、なじる目で見つめているのに、きみがその愛をつらぬき通さねばならぬとしたら、そのとき、はじめてきみには、この親鸞のことばのほんとうの心をつかむことができるのだ。——親鸞は、そのとき、現代のわたしたちの中に生きはじめているのである。

第八条

念仏は行者にとって、「非行非善《ひぎょうひぜん》」（行《ぎょう》でもなく、善でもない）である。自分の「はからい」で行ずるのではないから、「非行」という。自分の「はからい」でつくる善でもないから、「非善」という。ひとえに他力であって自力を離れているから、行者にとっては「非行非善」である、と。

「行」とか「善」ということばには、親鸞のころ、独特の色あいがあった。体制的な古い仏教の中のほめことばだったのだ。たとえば、比叡山の学習コース。積みあげられた「行」や公認の「善」。それによって、昇級の程度が決められるのだ。つまり、「行」や「善」は出世の物差《ものさし》であり、道具だったのだ。これは比叡山時代のかれ自身も経験したことだ。下級僧侶だった親鸞。堂僧《どうそう》としての念仏の勤行《ごんぎょう》。そこでは念仏も「行」であり、「善」である。それをよくつとめ上げれば、上の段階にすすめるのだ。

このような世界から、かれはキッパリ背を向ける。念仏はもはやなんらの「善行」ではない。ひとからほめられるものではない。ただ他力――絶対の証《あかし》にすぎぬ。人間が自己の中に絶対なものを見いだしたとき、もはや世間の評価も賞賛も、いっさい、その意味を失うのである。

わたしたちは、これまで、体制の中で安心してきた。世間から「価値がある」と認められていることばかり、やってきたのだ。「これは価値があるんだぞ」と自分の心にいつもいい聞かしてきた。しかし、いったん、疑いはじめると、どうなる。何もかもガラガラとくずれはじめるのだ。たとえば「大学の中の学問研究」、それを信頼してきた。ところが神聖なはずの「大学」が、体制の道具だった、と知ったとたん、もう「研究」すること自体が罪悪とおもえてくるのだ。むろん、これは純粋な若者の煩悶だ。根源に触れる疑いだ、といっていい。だが、その奥をみよう。かれには少年の日以来、「学問」とは、いつもみんなの〝お墨つき〟のものだった。「学問」することは、いつも親や先生の賞賛のまとだった。しかし、今は、自分の心が反乱を開始したのだ。人間の歴史をふりかえろう。「学問」や「科学」が誕生したころ、それは荒野の中にあった。だから、だれの保証もなかった。体制から、しばしば危険視された。アレキサンドリアの町の中で八つ裂きにされた女数学者もあった。ソクラテスも、同時代の「雲」という劇の中で、嘲笑のまとにされた。だが、それでも、何物も、「学問」を停止することはできなかった。人間の精神の中から、つきあげるもの、「精神の解放への願い」が「学問」や「科学」をしゃにむにつきすすめてきたのだ。だから「学問」とは、「科学」とは、本来、何の〝お墨つき〟もないものだった。「これは人類のためになる」などという、護符《ごふ》（おまもり）をもたない、荒野の精神だったのだ。わたしたちが「安心して学問ができる」ようになったのは、学問が体制の中にくみこまれたからである。

話をもどそう。親鸞は「念仏」を、そのような「体制の護符」の中から、解き放つ。何の保証もない。絶対なるもののみを、よりどころとする、裸の形で、人々の前に突き出すのである。

それが「念仏は行者のために非行非善なり」ということばの、真の意味なのだ。

第九条

「念仏をしましても、おどりあがるよろこびの心が、あまりわき起こってきません。またいそぎミダの国（浄土）へゆきたいという心がありません。これは、いったい、どんなわけでしょうか。」とわたし（唯円）がお聞きしましたところ、

「わたし（親鸞）も、この疑問をもっていたのに、唯円房《ゆいえんぼう》よ、同じ心だったたね。よくよく考えてみると、天におどり地におどるほどによろこぶはずのことを、よろこばないことで、いよいよ往生はまちがいないとおもいます！　よろこぶはずの心をおさえてよろこばないのは、煩悩（はげしい、いろいろの欲望・執着）のせいだ。ところが、ミダ仏は前から知っておられて、煩悩をいっぱいもったあさましい人

間といわれていることだから、他力の心深い願いは、これだ、こんなわたしたちのためだった、とわかって、いよいよたのもしくおもわれるのだ。また、ミダの国（浄土）へいそいでゆきたいという心がなくて、少し病気のことでもあると、死ぬのではないかと心細く思われることも、煩悩のせいだ。永遠（久遠劫《くおんごう》）の昔からいままで流れ転じてきた、苦しみの場所（現世）は捨てにくく、まだ生まれていないやすらかなミダの国（浄土）は恋しくおもいません。このことは、まことによくよく煩悩のさかりという以外の何物でもありません。
なごりおしくおもっても、この世の縁がつきて、どうしようもなく死ぬときに、あのミダの国へは、ゆくことができるのだ。いそいでゆきたいという心のないものを、ことにあわれみたまうのである。これにつけてこそ、いよいよミダの大きく深い願いはたのもしく、往生は決定したとおもいます。これに反し、おどりあがるよろこびの心もあり、いそぎミダの国（浄土）へもゆきたくおもいますなら、煩悩がないのだろうかとおもわれ、かえってまちがったことになってしまうでしょう、と。

唯円は期待していた。念仏はよろこびをもたらすだろう、と。おどりあがるようなよろこび（「踊躍歓喜《ゆやくかんぎ》」）。――経典にそう、はっきり書いてあるのだ。しかし、これはどうしたことだ。親鸞集団にはいったのに、おどりたつ喜びがない。わたしが変なのか。何かまちがっているのか。唯円は迷った。疑った。その不安をそのまま、かれは親鸞にぶっつける。東国の青年の率直さだ。かれには、経典に書いてあるからといって、自分の心をごまかしてしまえぬのだ。この若者の問いに親鸞は答える。「わたしも同じ心だ。」と。裸の自己をとり出して、そのまま相手にぶっつけるのである。人と人とが相会うとは、このようにしてしか、行なわれない。「唯円房同じ心にてありけり」。このいい方は、澄みきっている。かつて親鸞の青年の日、法然は答えた。「法然の信心も善信房（親鸞）の信心も一つだ。」と。そのように受けつがれた同じ心を、親鸞は、今唯円に投げかけたのである。

本質的な勝負は終わった。そこから、かれは静かに心をそそぎはじめるのである。わたしたちの心は化物《ばけもの》だ。自分でどうしようもないものだ。注文どおりにはこぶはずはない。こういって、自分の中の、とてつもなく暗いものを、「煩悩」として、とりだしてみせる。しかし、そのようにあきれはてた自己をこそ、ミダは救おうとしているのだ。だから往生はまちがいないのだ、と。

このとき、かれは知っている。専修念仏の門にはいりながら、なお、自力の目で念仏をみている唯円を。かれは、念仏に「期待」しているのだ。おどりあがるよろこび、という「御利益《ごりやく》」を。しかし念仏は、それ自身が、すべてだ。絶対だ。ほかに「御利益」を期待することなどできはしない。たとえ、それが「よろこばしい心」という、自分の内部の心の動きでも。救済を保証する者はだれか。それはただ一つ。自分の心の、あきれはてた、あさましさだ。だれから見捨てられても、当然な自分の姿だ。

だから、おどりあがるよろこびがあったり、いそいで死んでミダの国へ行きたい、などとおもうようなら、かえってまちがっているのだ。親鸞はこのようにいいきったのである。

第十条
念仏では、「特に意味づけしないこと」を正しいと考える。ことばにあらわすことができず、ときあらわすことができず、心およぶことができないものだから、といわれました。

親鸞は『教行信証』を書いた。これは念仏の「意味づけ」「理由づけ」ではないのか。こういう、疑いがわたしたちをおそうだろう。しかし「意味づけ」とは何か。安心したい心だ。それだけでは満足できない。自信がない。だから、他からの理由づけがいるのだ。体制や常識から承認された「保証書」がほしいのだ。しかし、人間の中の絶対なものに説明はいらない。みんなから承認してもらう必要はない。できはしない。いっさいの「保証書」は無効だ。逆に、その根源から、いっさいが、流れ出すのである。

親鸞の場合、真相はこうだ。かれは『教行信証』を信心のための「保証書」にしようとしたのではない。「三願転入」の第三の立場、金剛信心が確立したから、それをもとにして『教行信証』を書こうとしたのだ。だから、「わたしには、よき人のおほせを信ずるほか、何の理由もない」(第二条)と、かれはいったのである。

いつの世でも、「絶対」を証明しようとする、あらゆる論証は徒労《とろう》(むだばたらき)に終わるだろう。たとえ本人の「心の中」を全部「実証的に」しらべつくしても、だ。

たとえばデカルトの『方法序説』をみよう。「すべてを疑いつくす」という有名なテーマは、「唯一なる神への信仰」からうまれたのである。「神」のみが絶対であるから、それ以外のもの、地上のいっさいのものは相対的なものだ。だから、この世のいかなる権威も、常識も、疑いつくすに値《あたい》する。そのように、デカルトは考えたのである。

すなわち、実証が「絶対」をうみだすのではない。人間の中の「絶対の精神」こそ、あらゆる批判のうみの親なのである。親鸞も、そうだ。かれは地上の権力や権威に対して、一歩もゆずらぬ生涯を終えた。その終わりに近い八十六歳のとき、「アミダ仏は自然のやうを知らせんれうなり」と弟子に語った。念仏は「自然《じねん》」、すなわち絶対なるもの、「母の国」をさししめす手だてにすぎぬ。それは、いっさいのことごとしい理由づけの彼方《かなた》にある。

かれはそのように考える。だから「念仏には無義をもて義とす」といったのである。

以上で、『歎異抄』のはじめにかかげてある十章は終わる。このあと、唯円の文章がつづき、そのころの親鸞集団内の腐敗した人々を批判している。今は、その中にちりばめられた親鸞の珠玉のことばを抜き出してみよう。みな、唯円が直接親鸞から聞いたものだ。まず、第十三条のわたしたちを驚かすことば、

「他《ひと》を千人殺しつくしてみてごらん。そしたら唯円は必ず救われるだろう。」

唯円は驚いた。「とても、わたしの力量では、一人でも殺せそうにはありません。」と、かれらしく正直に答える。すると親鸞は、たたみかけるようにいう。「それでわかるだろう。往生のためなら、〝千人殺せ〟といわれたら、すぐ殺せるはずだ。だが唯円は、殺せない、という。殺そうと思っても、一人でも殺せないとき

がある。殺すまいとおもっても、千人でも殺してしまうことがある。」と。

親鸞は何がいいたいのだろう。この理由を身にそなわった「業縁《ごうえん》」ということばで、かれは説明する。ひとりひとりには、かれ固有の運命があるというのだ。自分がもっとも真剣に意志し、決断してゆくとき、自己の内部に定められていた運命は、その全貌《ぜんぼう》（全部の姿）をあらわすのだ。しかし問題は、もっと奥にある。「自分の救い（往生）のためなら、千人でも、わたしは即座に殺す。」といいきっている親鸞のことば。これは単なる「たとえ」ではない。どうせ仮空のことだから強がっていっているのではない。かれの時代は戦乱の時代だ。人をたくさん斬ってきた人々は、すぐ隣にもいた。親鸞集団の中にもいたであろう。そういう状況の中でかれは、「わたしは往生のためなら、千人でも殺す」といいきったのだ。これは自分の立場の基本をしめしたものである。往生はミダのみちびきだ。そのみちびきの声が「千人殺せ。」というなら、ただちにそれにしたがう。なぜなら、それはミダ——絶対の声——だから。現実に暴力をふるい、人を殺してきた人々と、自分を同じ側に置いたのである。

親鸞はいいたかったのだ。「往生」は自己の中の絶対の問題だ。それは他の何物にも、けっして変えられない。この道を自分がゆくなら、だれか傷つくだろう。だれか死ぬかもしれない。だれだれを一生、深い悲しみに落とすだろう。そんなことでやまるものではない。それでやめられるのなら、はじめからきっぱりやめとけばいい。人間の内部深くに眠っている「絶対」の深淵《しんえん》（ふかいふち）などにあやまって手を触れぬがいいのだ。何が何でもこれをさしおいて自己の生きていく道はない。人非人《にんぴにん》・人殺し・反道徳者・裏切り者。

どんな非難の矢が無数に飛んできても、突き刺さっても、そして、ついには心臓を突き破っても、「かまわない。」と、静かにいえる者だけが、「絶対」に至る狭い門を通りぬけられるのだ。

しかし、これはだれにも見えぬ、深い内部の事件だ。じっさいには何が起こるか。だれも知らない。外形はどのように進行するか。他《ひと》も知らない。自分も知らない。はなばなしく劇的に展開するか。それとも、たいくつきわまるものに、一生、見えているか。それは、ひとりひとりのもっている「業縁」によって決まるだけだ。「目に見えるもの」だけによって見ようとする人々の目には、たいそうちがって見えるにすぎないのである。

わたしたちに、もっとも、きちがいじみた印象を与えるのは、最終章にあげられた、つぎのことばだ。

「アミダ仏が永遠の昔から思いつめてこられた願いを、よくよく考えてみると、ひとえに親鸞一人《ひとり》のためだった！」

このように親鸞はつねに語っていたというのである。

ここから、専修念仏者ひとりひとりの心がまえの教訓をよみとることは、やさしい。みんな「アミダ仏は自分一人のためだ。」とおもえ、というのである。絶対者対一人一人《ひとりひとり》という図式で、近代宗学的に講釈することも、学者にはお手のものだろう。

しかし何かおかしい。そんな一般化を許さぬような、切迫した語気を、わたしたちは、親鸞のことばに感じないだろうか。「たとえばわたしの心がまえは」などと、かれはいっているのではない。自己の体験の歴史をふりかえり、その真相を知って、がくぜん（あまりのことにびっくりするさま）としている、かれの呼吸が伝わってこないだろうか。これは何だろう。

わたしは十代の終わりに、『歎異抄』を読んだ。はじめから、このことばが胸に突き刺さり、深い疑いをうんできた。このことばのひびきが、そのままつかめたら、そのときわたしは、はじめて親鸞を知ったのだ、とさえ、おもった。では、今はどうか。わたしはこうおもっている。このことばは「三願転入」の論理のうえにたっている。

永遠の過去からの、親鸞個人の心の歴史。永遠の過去から永遠の未来をおおう、アミダ仏の全人類救済の歴史。その二つをつらぬくのが、親鸞にとっての「三願転入」の論理だった。

承元の大弾圧の後の亡師孤独の模索。その中でうまれてきた「金剛信心」。そこで、はじめて親鸞はアミダ仏の真の願いを知ったのである。

比叡山時代の煩悶も、越後の流罪も、東国の孤独も、みなこのためであったのだ。わたしの中に「金剛信心」を芽ばえさせるためだ。それによって、わたしを救おうとするためだったのだ。それはなぜか。わたしがそれほどの救いなき悪人、見捨てられるのが当然の身であったからだ。そういうわたしだからこそ、ミダはだれよりも第一に、わたしの中に「金剛信心」を見いださせようとしたもうたのだ。それゆえ、わたしは自らを証人として、人々に「金剛信心」をすすめなければならない。ミダがわたしを起点としてはじめようとしている、全人類救済の仕事。それが成就《じょうじゅ》してゆく道すじの出発点に、わたしはひとり立たされているのだ。

西方指南抄奥書
（高田専修寺蔵）

このような自覚が、親鸞の日常をみたしていたのだ。現代人からみれば、きちがいざたとしかいえないような考え方。だが、ここにのみ中世人親鸞の思想が誕生した、その秘密の大地があったのだ。

しかし、もっとよく考えてみよう。わたしたちの「心」とは何だろう。それは一つの、かってな「主観」にすぎず、人類史の進行は別のところで動いている、と考える、わたしたち近代人の考え方に問題はないだろうか。どこで人類史は進行するのだろう。英雄の命令の中で、か。「客観的」な法則の中で、か。人間の精神の進展とは、結局、わたしたちの「心」の進展にささえられているのではないだろうか。

これは「客観的」なものを個人の心持ちの世界に閉じこめようとするのではない。逆だ。わたしたちの「心」の世界は、はかり知れぬ壮大なスケールをもつ。人類の全思想史の中にあって、もっとも重大な思想責任をもつ。ここで成し遂げられるものは、全世界のだれに対しても隠しだてできぬ。この、ひとりぼっちの世界で起こることには、全人類の面目《めんもく》と運命が賭《か》けられているのだ。

それゆえ、わたしたちは自己の中の「絶対」なものに直面することによって、人類史が自分に課した運命――使命といってもいい――に立ち会っているのだ。
（このような、わたしたち、ひとりひとりのになわせられている動かすことのできぬ責任。これから逃避するとき、近代人好みの「ささやかな心の世界」という考え方がうまれるのである）

このような場にたっているとき、一時代の体制が常識化させている「善悪」の判断など、ふりかえることはできない。それゆえ、親鸞は「善悪のふたつ、まったくもって、わたしは知らないのだ。」といいはなつのである。「善だ。」「悪だ。」ということば。「永遠の道徳」のような顔をしている。しかし、じっさいはそのときの体制のしくみ、うつりゆくその時代の好みにあうものが「善」とされているにすぎぬ。だから、それを基準にして判断し、行動することを、親鸞はキッパリ拒否したのである。

それゆえ、かれは「善悪ノフタツ惣《ソウ》シテモテ存知セサルナリ」という。

体制によって作られた「善悪」の世界。虚構（つくりごと）のしくみ。それは明日は過ぎゆくであろう。たとえ、今日は堅固にみえていても。だから、それを「ミナモテソラコトタワコト」と、かれはいう。

「道徳」や「常識」の名でかためられた、体制の〝魔術〟。それを打ち破る、反逆の精神。これこそ、永遠の「わたしの魂」だ。

かれは、「若き親鸞たち」に、このように語っているのである。

宗教は滅び親鸞はよみがえる

宗教とは何か。この問いに一律に答えることはナンセンスだ。たとえば親鸞の場合。それは自己の内面を解放することだった。人間の中にある絶対の精神が目ざめることだった。かちばった時代のしくみの重石の下に、生きている人間をおさえつけようとした、あらゆる古い力。それへの反抗の精神だった。

これに対し、封建時代の本願寺教団の場合は逆だ。民衆の精神を眠りこませる、巨大な機械・装置だった。身分差別を強制する武士たち支配階級の、たのもしい協力者だった。農民たちに「この世は苦しい。しかしあの世では救われる。」と説いた。この現実の世で、封建支配に反逆する、人間精神の誇り高き挑戦をおしころす役割をになったのである。同じ「宗教」という名で呼ばれるものが、こんなに正反対の性格をもつ。これは矛盾《むじゅん》だろうか。いや、人間の歴史の深い道理をあらわしているのだ。

一つの「思想」が誕生する。そのエネルギーは、何によってうまれるか。その時代の体制的思想との衝突《しょうとつ》がはげしければはげしいほど、大きな爆発力がうまれるのだ。そのとき「社会の常識」となっている思想の、もっとも弱い点を鋭く突き刺しているからだ。その一点から、体制全体がガラガラとくずれ去る。それを予感するとき、権力者は新しい思想に向かって、猛然と、強圧と迫害の限りをつくす。しかし、そうすればそうするほど、自分が完全だと称している体制のもっている矛盾が、大きく、さらに大きく、民衆の目に映《うつ》りはじめるのだ。つまり、民衆が目ざめはじめるのである。

やがて、古い支配体制がくずれ去った後、かつて反逆の精神だったものが支配者の思想となる。すべては合理化され、新しい精神が社会全体にゆきわたったようにみえる。繁栄の時代だ。しかし、そのとき、革命精神のエキスはおとろえ、腐敗しはじめる。これは不可避《ふかひ》(のがれることのできない)の真理だ。「革命」も「反抗」も、体制とそのもとにおける時代の通念に対するものである以上、自分自身が体制そのものとなり終わったとき、同時に「革命的」「反逆的」ではありえないのである。

たとえばマルキシズムの場合を考えよう。ヨーロッパのキリスト教単性(一宗教独裁)社会は、かつて反抗的だった原始キリスト教の繁栄した姿だった。人類のいろいろな貴重な財産をうみだした。しかし、その繁栄の影の、どうしようもない矛盾。偽善。それをマルクスは突いた。

この戦闘的な反神論者を体制が憎めば憎むほど、かれの思想の真理性を立証することとなった。それゆえ、この思想は多くの国で支配者の思想となりはじめている。しかし、この国々が繁栄すればするほど、マルクスの思想のエキスはおとろえてゆくだろう。死に絶えてゆくのである。

マルクスは、貧窮の中で三人の男子を死なせている。栄養失調で。それは、かれが体制と妥協しなかったことの、悲しき証拠であった。

しかし、マルクスの思想が体制化した国々では、マルクスの思想をよく憶え、賞賛する者ほど、快適な地位が保証される。このような中で、千たび「革命的」ということばをくりかえしても、もはやそのことばの真の意味は、歴史の流れのつぎのにない手にうつっているのである。

わたしは、これを、「衰亡《すいぼう》の論理」と名づける。表面の「繁栄」は、内面の「衰亡」の写し絵なのだ。

体制の支配者は、いつも願望する。自己の体制が永遠につづくことを。民衆にコマーシャルーソングを教えこむ。自己の支配だけは、「千代《ちよ》に八千代《やちよ》に」繁栄する、という歌を。しかし、いつの時代の、どんな体制も、永遠ではあり得なかった。滅び去っていった。

その対応者である思想も、同じ運命だ。体制的思想に対する反逆者として誕生し、成長する。やがて体制そのものとなって繁栄し、そのまっただなかに衰亡の相《そう》を進行させる。やがて死滅する。

このように、すべての思想は、人間と同じく、「有限な寿命」をもっているのである。

だから、宗教も人間精神の産物として「有限な寿命」をもつ。かつて、人類史の中で人間精神を覚醒《かくせい》（目ざめること）させる、偉大な役割を果たし、ついで人間精神を抑圧する、醜悪《しゅうあく》な役割に変じた。やがて歴史のうえの自らの役割を終えて、徐々《じょじょ》に静かに死に絶えていく。それが発掘した数々の貴重な遺産を、氷河の痕跡のように、人間精神の中にのこして。

宗教は誇ってよい。親鸞のような、偉大な魂を、自らの名のもとにうみだしたのだから。

しかし、宗教は誇りつづけてはならない。

「親鸞精神」の権威者のような顔。それは、偽善者の顔だ。逆に真宗教団への反抗者たちの中に、現代に生きている「若き親鸞の顔」を見いだすこととなるだろう。それがだれも動かすことのできぬ歴史の逆説《パラドックス》（一見、矛盾しているようで深い真理をあらわしたもの）――「衰亡の論理」である。

ここで一つのたとえを語ろう。

広島に「死の影」があった。原爆が落とされたとき、石段の上にすわっていた人の影がのこっていたのだ。人の姿は吹き飛んでない。その「影」だけを、石段に黒々とのこして。わたしもそれを見たが、今は消えてしまった。消えることのないのは、歴史の石段の上の「生の影」だ。ひとりの人間が、力をこめて生きぬくとき、その築いた形は繁栄し、衰亡するだろう。しかし、その人間の魂の、のこした「生の影」は、不滅だ。

「南無阿弥陀仏」の声は消えるだろう。わたしは、それをいっぺんも唱えはしない。宗教の役割も過ぎ去るだろう。わたしは、どんな墓地にも葬《ほうむ》られたくない。

けれども、親鸞の生きた真実、かれの「生の影」は、今も、未来も、わたしたちの中に生き生きと、よみがえりつづけるのである。

あとがき

——若き魂への手紙——

この本は、わたしの内部のたたかいの中から誕生した。半生のたたかい。この一年間の日々のたたかい。こんな一年間が、わたしの生活の中にあろうとは！　およそ、思いみたこともなかった。いままでのわたしは、くずれ去り、親鸞は、かつて、かいま見たこともないような姿で、たちあらわれたのである。

しかし、今は、いろいろ語るべきときではない。もう、わたしは、この本の中に、すべてをぬりこめてしまったのだから。

だから、わたしは、今、新しい出発点に立っている。

これから、わたしの生が、いずこにおもむくか。それはだれも知らぬ。

わたしは知っている。これは、若い魂に贈る、わたしの手紙だ。

だが、わたしはこれを「遺言」としない。明日からのわたしは、また新しい探究の道に立つのだから。

そして、明日からのわたしは、さらに「新しい親鸞」を発見するだろう。

『歎異抄』については、多くのことをカットせざるをえなかった。また、いつの日か、それを書きたいとおもう。

そこでまた会おう。

ただ、その日まで、きみとわたしが、なお、生きのびているならば。

親鸞年譜

西暦	年号	天皇	院政	年齢	年譜	仏教関係	背景をなす社会的事件
一一七三年	承安三	高倉	後白河	一	親鸞生まれる		
八〇	治承四	安徳		八			源頼朝挙兵。木曽義仲挙兵
八一	養和一			九			平清盛死ぬ
八二	寿永一	後鳥羽		一〇	恵信尼（妻）生まれる		
八六	文治二			一四			九条兼実、摂政となる
八九	五			一七			源義経死ぬ
九一	建久二			一九	磯長の夢告	栄西、宋より帰る	九条兼実、関白となる
九二	三			二〇		慈円、天台座主《ざす》となる（第一回）	源頼朝、幕府を開く
九八	九			二六		法然『選択本願念仏集』を選す	
九九	正治一			二七			源頼朝死ぬ
一二〇〇	二			二八	大乗院の夢告	道元生まれる	

一	建仁一	土御門	後鳥羽	二九	六角堂の夢告（女犯の夢告）法然の吉水集団にはいる		
四	元久一			三二	源空の七箇条起請文に署名		
五	二			三三	法然より選択集書写、肖像画模写を許される	興福寺の奏状出される	
六	建永一			三四		興福寺の衆徒、念仏者を訴える	
七	承元一			三五	越後へ流される（承元の弾圧）	専修念仏の停止令を重ねて下す	九条兼実死ぬ
一〇	四			三八	このころ、承元の奏状を提出		
一一	建暦一	順徳	順徳	三九	流罪を許される。信蓮房誕生		
一四	建保二			四二	常陸国にはいる		
二一	承久三	土御門 仲恭		四九			承久の乱。三上皇流される
二二	貞応一	後堀河	後高倉	五〇		日蓮生まれる	
二三	二			五一		道元、宋へ行く	
二四	元仁一			五二	『教行信証』を書く		
二七	安貞一			五五		延暦寺衆徒、法然の墓を破壊する。また、『選択集』の版木を焼く	

西暦	年号	天皇	院政	年齢	親鸞	一般
一二二八	二			五六		道元、宋より帰る
三五	嘉貞一	四条	後嵯峨	六三	このころ、京都へ帰る	
五〇	建長二	後深草		七八	三夢記を覚信尼(娘)に送る	
五三	五			八一	建長の弾圧	日蓮、教えを開く 道元死ぬ
五六	康元一			八四	善鸞を義絶する	
六〇	文応一	亀山		八八		日蓮『立正安国論《りっしょうあんこくろん》』を幕府に送る
六一	弘長一			八九		日蓮、伊豆に流される
六二	二			九〇	親鸞死ぬ	

参考文献

『法然と親鸞』 木下尚江著 金尾文淵堂 明44
『史上之親鸞』 中沢見明著 文献書院 大11
『親鸞とその教団』 山田文昭著 法蔵館 昭23
『親鸞ノート』 服部之総著 福村書店 昭25
『続親鸞ノート』 服部之総著 福村書店 昭25
『親鸞とその門弟』 宮崎円遵著 永田文昌堂 昭31
『続親鸞とその門弟』 宮崎円遵著 永田文昌堂 昭36
『鎌倉仏教の研究』 赤松俊秀著 平楽寺書店 昭32
『続鎌倉仏教の研究』 赤松俊秀著 平楽寺書店 昭41
『親鸞と東国農民』 笠原一男著 山川出版社 昭32
『親　鸞』 松野純孝著 三省堂 昭34
『親鸞の研究』 二葉憲香著 百華苑 昭37
『歎異抄の語学的解釈』 姫野誠二著 あそか書林 昭38

■本書を書くうえで、背景となっている著者のおもな論文

親鸞「消息文」の解釈について
——服部・赤松両説の再検討—— 史学雑誌64—11 昭30
歎異抄の思想史的意義 文　化20—5 昭31
原始専修念仏運動における親鸞集団の課題（序説）
——史料「流罪目安」の信憑性について—— 史学雑誌74—8 昭40
歎異抄蓮如本の原本状況 史学雑誌75—3 昭41
性信の血脈文集と親鸞在世集団
——新史料蓮光寺本をめぐって—— 史　林49—3 昭41
親鸞の奏状と教行信証の成立——「今上」問題の究明——
「真宗史の研究」 永田文昌堂 昭41
坂東本の史料科学的研究
——教行信証成立論の新基礎として—— 仏教史学13—1 昭42
原教行信証の成立
——元仁元年問題の史料科学的研究—— 日本思想史研究2 昭43

さくいん

〔人名・地名〕

安　楽……八八・八九・九一・九三・九四・九七・一〇一・一〇二・一二一～一二五・一六一・一八六・一九四・一九七
イエス……一六六
恵信尼……四五・七八・一〇五・一〇八・一〇九・一二一～一二五・一二九・一四六・一七八・一七九・一九七
開　寿……一四九・一五〇・一五三
覚　如……二五～二九・三一・一〇九・一一七・一四八～一五三・二〇二・二三三
覚信尼……二六・三五・四五・一〇五・一一〇・一一三・一四六・一五九・一九七
兼　実……七五・七六・九五・一〇九・一二一～一二三
喜　海……四〇
喜田貞吉……二五・九八
行　教……八四
慶　西……一七三
空阿弥陀仏……一五九
空　海(弘法大師)……八四
源　信……四六
顕　智……一九七・一九八
顕徳院……一九七
香月院深励……一八七
幸　西……九五・九六・一五九
五天良空……二五・二六・三一・三六・三八・一三七
後鳥羽上皇(院)……九〇・九一・九三・九七・一〇二・一二一・一六五・一八六・一九四・一九六・一九七
後堀川上皇(院)……一四三～一四五
最　澄(伝教大師)……五七・八四・一三一・一八四・一八五
慈　円……九〇・九一・九五
綽　空……七一・七二・八二・一七二・一七三
住　蓮……八八・九一・九五・九七・一〇一・一〇二・一二一～一二六・一六一・一八六・一九四・一九七
順徳上皇(院)……一六六・一九六
性　信……一一八・一二五・一三四・一六一・一六五～一六七・一七〇～一七八・一八〇
聖徳太子……三四・三八・三九・四三・四九・五一
真浄房……一七九・一八〇
真　仏……五三・一一七・一六一・一七八・一七九
専阿弥陀仏……二一
善　信……三九・五三・七三・七八・九五・一七三・二三四
善　導……六五・六九・七二・八五・九二・九三・一〇二・一二七・一九四・一九五・二〇八・二二三
善　変……一一二・一一三
善　鸞……一〇七～一一三・一七一・一七八～一八一・一八九・二一〇
ソクラテス……一三三・二二七
醍醐天皇……一〇四
辻　善之助……二四・二五・九八
津田左右吉……二三〇
土御門天皇(上皇・院)……九七・九八・一〇〇・一九六
デカルト……二三一・二三三
天　親……一三五・一三七
道　元……三一・一三〇・一四九
道　綽……七三
曇　鸞……一三五・一三六
中沢見明……二五・一五一
長沼賢海……二五・九八
日　蓮……二二〇
入　信……一七八
白楽天……一九二・一九三
服部之総……一一七・一六八
範　宴……三八～四〇・四四・七二・一一〇
比叡山……七・二〇・四四～四六・四九～五一・五六～五八・七〇～七二・一五九～一六一・二〇八～二一〇・二三三
弁　円……一五八
北条時頼……一四八～一五〇
法　然……三九・四九・五三・六五・七一～八四・八六～八八・九五・一一五・一六〇～一六三・一九〇・二〇八・二二六
本多辰次郎……九九
マルクス……一二・一三・二九・一三三・一四八・二三九
三木　清……一六九
明　恵……四〇・四一・四四・一四九

山田文昭……二七・四五
唯　円……九六・一二〇・二〇二〜二〇五・二二二・二二八〜二三〇
隆　寛……一五九・一六〇
ロック……一八四
鷲尾教導……四五・一〇五
〔事　項〕
阿弥陀経……一一九・一四六・一八三
一念義……九六・一五九
一切経校合……一四八〜一五一
色ガラスフィルター……二四一
回　心……一三一・一九四
回　入……一二七・一三一・一九四
延喜式……一〇三
延暦寺……八〇・一八四
鏡の御影……二一
観無量寿経……六五・八四・八五・一一九・一四六・一八三
逆謗闡提……一八二・一八五・一八七〜一八九・一九一・一九四
救世観世音(如意輪観音)……三一・三四・三八〜四〇・四八・五一〜五三・五六・五九
賢愚経……一〇七
建長の弾圧……一三四・一六三・一七二・一七八・二一一
興福寺……八二・八三・九七・一一七
護国思想……一六五
古本本願寺系図……一一〇
金剛信心……一三四・一四七・一七四〜一七七・一八〇・一八二・一九四・一九五・二二五・二二八・二三一・二三五
薩遮尼乾子経……一八五
三願転入……一二七・一二九・一三一・一三三〜一三五・一三七・一四七・一六八・一七四・一九五・二二五・二二六・二三一・二三五
三代の伝持……一七〇・一七六・一七八
三夢記……三九・五一〜五三・一五〇
七箇条の起請文……八〇・八二
磯長の夢告……三八・四二〜四四・四六・四七・五三・五四・五九・七二
釈の十年……三七
十九願……一三四・一三五
十八願……一三四・一三六・一八三
主上臣下背法違義……九三・一〇二・一一三・一八六
承久の変……一六五
常行堂……四六
承元の奏状……九五・九七・一〇〇・一〇一・一一二・一一三・一三四・一三六・一六一・一七〇・一八六・一九二・一九六
承元の弾圧……八八・一一四・一二九・一五八・一六六・一六七・一九〇・一九一・一九三・一九四・一九六・二一〇・二三五
聖徳太子の文……五一・五三
浄土真宗(真宗)……九六・一三二・一六八・二四〇
浄土和讃……一三一
衰亡の論理……二四〇・二四一
赤山明神……五七・五九
専修寺……二四・一一一・一三八
専修念仏……八・六五・六八・六九・七一・七三・八〇・八七・一二〇・一三一・一六八・二〇三・二三〇
善鸞義絶状……一〇八・一七八
造像起塔……八四・八六・一二八・二一四
大乗院……二一・三四・三六・四六・五一
大乗院の夢告……四六・五一・五九
大勢至……三八・三九・七八・七九・二一一
大無量寿経……一一九・一二五・一二七・一四六〜一四八・一八三
朝　家……一六七
デンシトメーター……一四一・一九六
転　入……一三一・一九四
二十願……一三四・一三六
女犯の偈文……五二〜五四・五六
筆圧曲線……一四一
廟窟偈……五一
不断念仏衆……四六
法華経……五七・五八・一三七
本願寺……二二・二三・二六・二七・三三・四五・一一一・一二三・一二九・一四一・一五〇・一七一
弥陀仏……二八・七〇・七四・七八・七九・八四・八五・一一九・一二四・一二八・一二九・一三四・一三七・一六五・一八八・一九四〜一九六・二〇六・二〇八・二一一〜二二五・二二八・二二九・二三三〜二三五
無動寺(谷)……二〇〜二三・二四・二六・四六
明暦本本願寺系図……一一〇・一一一・一一三

六時礼讃……八八・八九
六角堂……三一・三四・四九〜五三・五四
横曾根門徒……一七〇・一七八
吉水入室……二九・一〇〇・一二二・一二九・一三〇・一三二・二二〇

〔書　名〕

吾妻鏡……一五一・一五二・一七三
恵空本……一七〇・一七一・一七七
恵信尼文書……四五・四九・五一・七八・一〇五〜一〇七
一一八・一四六・二二〇
往生要集……四六
改邪鈔……一九七
観経疏……六五
寛容についての手紙……一八四
教行信証……三一・七〇・七一・九六・九八・九九・一二〇・一二一
一二二・一二五〜一二七・一二九・一三〇・一三七〜一四〇
一四四・一五九・一六一・一七〇・一八八・一九二〜一九六・二三一
教行信証講義……一八八
愚管抄……九〇
口伝鈔……一〇九・一四八・二二三・二三三
血脈文集……一〇九・一二五・一七〇・一七五・一七六・一八〇
皇帝紀抄……九〇
御伝鈔(伝絵)……二五・二六・二九・三一・三三・五三・一一七
一五〇・一五一・一五八・一九七
御伝鈔研究……二三五
西方指南抄……七八・九三・一八九・一九〇
詩　経……一九二・一九三
四十八巻伝……九三・九四・一九〇
史上の親鸞……二五・三一・一五一
資本論……一四七・一四八
守護国界章……一八五
上宮寺本……一七〇
正統伝……二五・三一・三八・四〇・一一六・一一八・一五〇・一五三
浄土論註……一二五
正法眼蔵……一三〇
正明伝……五九
真宗史稿……二七
親鸞聖人御物語……二〇二・二〇三・二〇五
親鸞聖人御消息集……一〇九・一六三
親鸞聖人筆跡之研究……二四
親鸞聖人論……二五・九八
親鸞ノート……一六九
親鸞夢記……三三・三五・五三
選択集……七一〜七五・八二・八六・八八・一〇〇・一二二・一九〇
善性本消息集……一六三
専琳寺本……一七〇・一七七
尊号真像銘文……一六〇
尊卑分脈……二六・一一一・一一三
歎異抄……七・八・一三・五五・五六・九六・一三〇・一二五
一五八・一六一・二〇一〜二〇六・二三二・二三五・二四三
中右記……四六
坂東本……九八・一三八・一三九・一四一・一四三・一五四
百錬抄……一四四
ヘーゲル法哲学批判……一三
法事讃……九二・一九四
方法序説……二三一
慕帰絵詞……二〇二
法華秀句……一八五
末燈鈔……一六三・一七六
明恵上人行状記……四〇
夢　記(明恵)……四〇
唯信鈔……一三八
唯信鈔文意……二二五
蓮光寺本……一七一・一七二・一七六・一七七
蓮如本……二〇五・二一三

——完——

B

親《しん》　鸞《らん》■人と思想8　　定価はカバーに表示

1970年4月15日　第1刷発行©
2015年9月10日　新装版第1刷発行©
2018年2月15日　新装版第3刷発行

・著　者 ……………………………古《ふる》田《た》　武彦《たけひこ》
・発行者 ……………………………野村久一郎
・印刷所 ……………………法規書籍印刷株式会社
・発行所 ……………………株式会社　清水書院

〒102-0072　東京都千代田区飯田橋3-11-6
Tel・03(5213)7151～7
振替口座・00130-3-5283
http://www.shimizushoin.co.jp

検印省略
落丁本・乱丁本はおとりかえします。

CenturyBooks

Printed in Japan
ISBN978-4-389-42008-6

CenturyBooks

清水書院の〝センチュリーブックス〟発刊のことば

近年の科学技術の発達は、まことに目覚ましいものがあります。月世界への旅行も、近い将来のこととして、夢ではなくなりました。しかし、一方、人間性は疎外され、文化も、商品化されようとしていることも、否定できません。

いま、人間性の回復をはかり、先人の遺した偉大な文化を継承して、高貴な精神の城を守り、明日への創造に資することは、今世紀に生きる私たちの、重大な責務であると信じます。

私たちがここに、「センチュリーブックス」を刊行いたしますのは、人間形成期にある学生・生徒の諸君、職場にある若い世代に精神の糧を提供し、この責任の一端を果たしたいためであります。

ここに読者諸氏の豊かな人間性を讃えつつご愛読を願います。

一九六六年

清水梅六

SHIMIZU SHOIN

【人と思想】既刊本

書名	著者
老子	高橋　進
孔子	内野熊一郎他
ソクラテス	中野　幸次
釈迦	副島　正光
プラトン	中野　幸次
アリストテレス	堀田　彰
イエス	八木　誠一
親鸞	古田　武彦
ルター	小牧　治 泉谷周三郎
カルヴァン	渡辺　信夫
デカルト	伊藤　勝彦
パスカル	小松　摂郎
ロック	浜林正夫他
ルソー	中里　良二
カント	小牧　治
ベンサム	山田　英世
ヘーゲル	澤田　章
J・S・ミル	菊川　忠夫
キルケゴール	工藤　綏夫
マルクス	小牧　治
福沢諭吉	鹿野　政直
ニーチェ	工藤　綏夫
J・デューイ	山田　英世
フロイト	鈴村　金彌
内村鑑三	関根　正雄
ロマン=ロラン	村上　嘉隆 村上　益子
孫文	横山　英 中山　義弘
ガンジー	坂本　徳松
レーニン（品切）	中野　徹三 高岡健次郎
ラッセル	金子　光男
シュバイツァー	泉谷周三郎
ネルー	中村　平治
毛沢東	宇野　重昭
サルトル	村上　嘉隆
ハイデッガー	新井　恵雄
ヤスパース	宇都宮芳明
孟子	加賀　栄治
荘子	鈴木　修次
アウグスティヌス	宮谷　宣史
トーマス・マン	村田　經和
シラー	内藤　克彦
道元	山折　哲雄
ベーコン	石井　栄一
マザーテレサ	和田　町子
中江藤樹	渡部　武
ブルトマン	笠井　恵二
本居宣長	本山　幸彦
佐久間象山	奈良本辰也 左方　郁子
ホッブズ	田中　浩
田中正造	布川　清司
幸徳秋水	絲屋　寿雄
スタンダール	鈴木昭一郎
和辻哲郎	小牧　治
マキアヴェリ	西村　貞二
河上肇	山田　洸
アルチュセール	今村　仁司
杜甫	鈴木　修次
スピノザ	工藤　喜作
ユング	林　道義
フロム	安田　一郎
マイネッケ	西村　貞二
エラスムス	斎藤　美洲
パウロ	八木　誠一
ブレヒト	岩淵　達治
ダンテ	野上　素一
ダーウィン	江上　生子
ゲーテ	星野　慎一
ヴィクトル=ユゴー	辻　昶 丸岡　高弘
トインビー	吉沢　五郎
フォイエルバッハ	宇都宮芳明

平塚らいてう　小林登美枝
フッサール　加藤精司
ゾ　ラ　尾崎和郎
ボーヴォワール　村上益子
カール＝バルト　大島末男
ウィトゲンシュタイン　岡田雅勝
ショーペンハウアー　遠山義孝
マックス＝ヴェーバー　住谷一彦他
D・H・ロレンス　倉持三郎
ヒューム　泉谷周三郎
シェイクスピア　福田陸太郎・菊川倫子
ドストエフスキイ　井桁貞義
エピクロスとストア　堀田彰
アダム＝スミス　浜林正夫・鈴木亮
ポパー　川村仁也
フンボルト　西村貞二
白楽天　花房英樹
ベンヤミン　村上隆夫
ヘッセ　井手賁夫
フィヒテ　福吉勝男
大杉栄　高野澄
ボンヘッファー　村上伸
ケインズ　浅野栄一
エドガー＝A＝ポー　佐渡谷重信

ウェスレー　野呂芳男
レヴィ＝ストロース　吉田禎吾他
ブルクハルト　西村貞二
ハイゼンベルク　小出昭一郎
ヴァレリー　山田直
プランク　高田誠二
ラヴォアジエ　中川鶴太郎
T・S・エリオット　徳永暢三
シュトルム　宮内芳明
マーティン＝L＝キング　梶原寿
ペスタロッチ　長尾十三二・福田弘
玄奘　三友量順
ヴェーユ　冨原眞弓
ホルクハイマー　小牧治
サン＝テグジュペリ　稲垣直樹
西光万吉　師岡佑行
ヴァイツゼッカー　加藤常昭
メルロ＝ポンティ　村上隆夫
オリゲネス　小高毅
トマス＝アクィナス　稲垣良典
ファラデーとマクスウェル　後藤憲一
津田梅子　古木宜志子
シュニツラー　岩淵達治

タゴール　丹羽京子
カステリョ　出村彰
ヴェルレーヌ　野内良三
コルベ　川下勝
ドゥルーズ　鈴木亨
「白バラ」　関楠生
リジュのテレーズ　菊地多嘉子
リッター　西村貞二
プルースト　石木隆治
ブロンテ姉妹　青山誠子
ツェラーン　森治
ムッソリーニ　木村裕主
モーパッサン　村松定史
大乗仏教の思想　副島正光
解放の神学　梶原寿
ミルトン　新井明
ティリッヒ　大島末男
神谷美恵子　江尻美穂子
レイチェル＝カーソン　太田哲男
オルテガ　渡辺修
アレクサンドル＝デュマ　辻昶・稲垣直樹
西行　渡部治
ジョルジュ＝サンド　坂本千代
マリア　吉山登

ラス=カサス	染田秀藤
吉田松陰	高橋文博
パステルナーク	前木祥子
パース	岡田雅勝
南極のスコット	中田修
アドルノ	小牧治
良寛	山崎昇
グーテンベルク	戸叶勝也
ハイネ	一條正雄
トマス=ハーディ	倉持三郎
古代イスラエルの預言者たち	木田献一
シオドア=ドライサー	岩元巌
ナイチンゲール	小玉香津子
ザビエル	尾原悟
ラーマクリシュナ	堀内みどり
フーコー	今村仁司 栗原仁
トニ=モリスン	吉田廸子
悲劇と福音	佐藤研
リルケ	星野慎一 小磯仁
トルストイ	八島雅彦
ミリンダ王	森祖道 浪花宣明
フレーベル	小笠原道雄
ヴェーダからウパニシャッドへ	針貝邦生
ベルイマン	小松弘
アルベール=カミュ	井上正
バルザック	高山鉄男
モンテーニュ	大久保康明
ミュッセ	野内良三
ヘルダーリン	小磯仁
チェスタトン	山形和美
キケロー	角田幸彦
紫式部	沢田正子
デリダ	上利博規
ハーバーマス	小牧治 村上隆夫
三木清	永野基綱
グロティウス	柳原正治
シャンカラ	島岩
ハンナ=アーレント	太田哲男
ミダース王	西澤龍生
ビスマルク	加納邦光
オパーリン	江上生子
アッシジのフランチェスコ	川下勝
スタール夫人	佐藤夏生
セネカ	角田幸彦
ペテロ	川島貞雄
ジョン・スタインベック	中山喜代市
漢の武帝	永田英正
アンデルセン	安達忠夫
ライプニッツ	酒井潔
アメリゴ=ヴェスプッチ	篠原愛人
陸奥宗光	安岡昭男